Das historische Ambiente des Kunstpalais im barocken Palais Stutterheim und die eigenwillige Rhythmik der Ausstellungsräume in Erdgeschoss und Keller des Gebäudes machen Zeitverläufe auf ganz unmittelbare Weise sichtbar. Die historische Fassade trifft auf das modern restaurierte Innere. Den kleinen Kabinetten mit Tageslicht folgt das fensterlose Untergeschoss mit den gegensätzlichen Atmosphären von „white cube" und Gewölbekeller.

Die verschiedenen Zeitebenen, die sich hier räumlich artikulieren, brachten Kirstine Roepstorff auf die Idee, in ihrer ersten institutionellen Einzelausstellung in Deutschland die Zeit in der Kunst topologisch erfahrbar zu machen und dieser räumlichen Dimension den Aspekt des Klangs hinzuzufügen, welcher Raum und Zeit verbindet. Gelungen ist ihr eine mehrfache Verschränkung auf den Raum bezogener und zeitlicher Aspekte – zum einen in den Collagen und skulpturalen Objekten, zum anderen aber auch in der Abfolge der Exponate oder im Spiel mit unterschiedlichen Materialien. Dabei verweigert die Künstlerin eine lineare Chronologie; vielmehr sollen Raum, Zeit und Klang in zeitloser Präsenz erfasst werden. Ein *Walking Beside Time*, so der Ausstellungstitel, sollte möglich werden, begleitet von chinesischen Gelehrtensteinen, die als Pars pro Toto etwas wie Weltzeit in der Gegenwart materialisieren.

In allen Objekten bildet die Natur den Ausgangspunkt der Formentwicklungen. Umschlossen von zarten Vorhängen in unterschiedlichen Grüntönen erhielt die Ausstellung zudem die Anmutung eines „hortus conclusus", eines Paradiesgärtleins, der Steine, Pflanzen, Regen, Sonne, Landschaft und Figur umfasst. Der Betrachter trifft auf eine künstlerische Neuschöpfung, welche Natur außerhalb von Raum und Zeit als Möglichkeitsform interpretiert. Denn was ist Zeit? Ist sie nur eine Kreation oder Illusion des Menschen? Rüdiger Vaas schreibt in der Zeitschrift *Bild der Wissenschaft*: „Dieser Fluss der Zeit ist uns sehr vertraut und zugleich äußerst rätselhaft – aber trotzdem wohl eine blanke Illusion. Denn immer mehr Physiker und Philosophen kommen zu dem Schluss, dass es die Zeit objektiv überhaupt nicht gibt."[1]

Der Künstlerin geht es in ihrer Ausstellung daher nicht um Vergänglichkeit, um den Ablauf der Zeit, sondern um die Gleichzeitigkeit des Vergangenen, Gegenwärtigen und Zukünftigen. Durch die bewusste Inszenierung der einzelnen Objekte, die dezidierte Lichtführung und durch die geschlossene

Vorwort
Claudia Emmert

1. Rüdiger Vaas, „Gestern und Morgen sind eins", in: *Bild der Wissenschaft*, 1/2008, S. 49ff., Quelle: http://www. bild-der-wissenschaft.de/bdw/bdwlive/heftarchiv/index2. php?object_id=31300916, zuletzt abgerufen am 25.10.2013.

Konzeption des Ganzen hat sie mit der Ausstellung ein Gesamtkunstwerk geschaffen, das an den vielzitierten Satz von Vladimir Nabokov denken lässt: „Der Raum ist ein Schwärmen in den Augen, die Zeit ein Singen in den Ohren."[2]

Dafür, dass dies gelungen ist, möchte ich danken. Zunächst der Künstlerin, die mit sehr großem Engagement diese Werkschau entwickelt hat – was aufgrund der technischen Ausstattung der Räume nicht immer einfach war. Ich danke ihr für die hervorragenden neuen Arbeiten, die für unser Projekt entstanden sind. Es war ein glückliches Abenteuer für mein Team und mich, diesen Entstehungsprozess zu begleiten. Ich danke Gudrun Benz, die uns aus ihrer beeindruckenden Sammlung chinesischer Gelehrtensteine und europäischer Landschaftssteine großzügig zahlreiche Objekte überlassen hat.

Ich danke Julia Jung für ihr Engagement bei der Vorbereitung und Kordula Fritze-Srbic sowie Benji de Búrca für ihr Engagement bei der Umsetzung der Werkschau und die unermüdliche Mitarbeit beim Aufbau der Ausstellung. Ich danke meinem Team mit Ina Neddermeyer, kuratorische Sammlungsbetreuung und Ausstellungsorganisation, Sarah Lampe, wissenschaftliche Volontärin und Ilse Wittmann, Finanzen und Verwaltung, für die wie immer ausgezeichnete Zusammenarbeit. Jessica Ullrich danke ich für das hervorragende Begleitprogramm und die umfangreichen Kooperationsprojekte, die sie zu dieser Ausstellung organisiert hat und Ian Genocchi für die sensible Umsetzung der komplexen Werkinszenierung.

Mein weiterer großer Dank gilt dem Bayerischen Staatsministerium für Wissenschaft, Forschung und Kunst in München, namentlich Angelika Kaus, der ich auch persönlich sehr herzlich danken möchte, dem Danish Arts Council in Kopenhagen und der Sparkasse in Erlangen für die Förderung und Unterstützung von Ausstellung und Katalog. Sie alle haben uns in einem finanziell schwierigen Jahr wesentlich geholfen. Katharina Dohm, Kuratorin an der Schirn Kunsthalle Frankfurt, danke ich für ihren hervorragenden wie erhellenden Textbeitrag zu den Aspekten des Klangs im Werk der Künstlerin. Fatos Üstek danke ich für ihr assoziationsreiches Weiterdenken der Kunst. Pascal Kress danke ich für die wunderbare Gestaltung dieses Katalogs. Ich hoffe, dass diese Publikation einen wichtigen Beitrag zur Vermittlung und Verbreitung des außergewöhnlichen Werkes von Kirstine Roepstorff leisten wird.

2. Zitiert nach Rüdiger Vaas, a.a.O.

Über die Fragmentierung von Raum, Zeit und Klang
Claudia Emmert

Ein Kunstwerk zu schaffen, das die Schöpfung des Universums erahnen lässt, war eine der großen Herausforderungen der bildenden Künstler. Sie begann allerdings zunächst im Kleinen, nämlich im Wettstreit der Kunst mit der Natur, dem Trompe l'Œil. Bereits Plinius überlieferte den Wettkampf zwischen den Künstlern Zeuxis, dessen gemalte Trauben so plastisch und realistisch aussahen, dass sie Vögel anlockten, und Parrhasios, der wiederum Zeuxis mit einem eindrucksvoll räumlich gemalten Vorhang in die Irre führte, den Zeuxis vor einem gemalten Bild zurückziehen wollte.

Vasari berichtet von den als täuschend realistisch empfundenen Darstellungen Giottos, der „die Natur so treu nachahmte, dass er die plumpe griechische Methode ganz verbannte und die neue richtige Weise der Malerei hervorrief, indem er die Bahn brach, lebende Personen gut nach der Natur zu zeichnen, was mehr als zweihundert Jahre nicht geschehen war".[1] Auch ihm gelang es, mit diesem Können seinen Meister Cimabue zu täuschen. Er habe, so berichtet Vasari in den Viten, „einer Figur seines Meisters eine Fliege so natürlich auf die Nase gemalt, dass Cimabue, als er sich bei seiner Rückkehr wieder an die Arbeit setzte, sie als eine wirkliche Fliege mehrmals mit der Hand fortscheuchen wollte, ehe er des Irrtums inne ward".[2]

Als 1420 Filippo Brunelleschi die Zentralperspektive entwickelte, begann über Jahrhunderte hinweg eine immer eindrucksvollere Steigerung des Spiels mit räumlicher Illusion in Renaissance, Barock und Rokoko. Das Thema Zeit fand seit der Antike vor allem allegorische Umsetzungen in den Darstellungen der Jahreszeiten oder der Lebensalter.

Seit der Renaissance und dem mit ihr einsetzenden Wettstreit der Künste ging es den Malern auch um die bildhafte Umsetzung von Klang: in den niederländischen Bildmotetten um 1600, den Allegorien auf die fünf Sinne der Barockzeit, den Musikstillleben, den Darstellungen der hl. Cäcilie oder der vor Apoll fliehenden Daphne, in den dramatischen Bildern der heroischen Landschaftsmalerei, mit lärmenden Sturzbächen oder krachenden Unwettern, um nur wenige Beispiele zu nennen.

In der Romantik schien die Kunst am Ziel: Im Geheimnis der künstlerischen Kreativität glaubte man eine Parallele zur göttlichen Schöpfung zu entdecken. Die Erfahrung des Raums und der Zeit wurde durch die Kunst transzendiert. Kunst wurde zum Vermittlungsmedium des Absoluten,

---

1. Giorgio Vasari, *Das Leben der ausgezeichnetsten Maler, Bildhauer und Baumeister von Cimabue bis zum Jahr 1567,* übersetzt von Ludwig Schorn und Ernst Förster, hrsg. v. Julian Kliemann, Worms 1988; Band I, S. 134.

2. Ebenda, S. 172.

in der Lage, das Unendliche der Ideen in der endlichen Form eines
Werkes zu erfassen. Dies gelingt allerdings nur in der Begrenzung,
im Fragment. Werner Beierwaltes schreibt über Schellings *Texte zur
Philosophie der Kunst*:

„Im Blick auf seinen absoluten Grund ist das Kunstwerk Fragment: Ein
unmittelbares und in sich eines Erscheinen des ‚unermeßlichen Ganzen‘
oder des zeitfreien absoluten Seins im Ganzen ist durch es und in ihm
nicht denkbar. Daher ist der künstlerische Akt als ‚Begrenzung‘ oder
Individualisierung des Allgemeinen in Zeit und Geschichte zu verstehen:
‚Ohne Begrenzung könnte das Grenzenlose nicht erscheinen‘.“[3]

Dabei kommt dem Klang eine ambivalente Bedeutung zu. Quälend
wirkt „das rauschende Rad der Zeit“ in den *Phantasien über die Kunst*
von Wackenroder und Tieck;[4] euphorisch hingegen besingt Tiecks Franz
Sternbald auf seinen Wanderungen „den vollen harmonischen Orgel-
gesang, der aus den innersten Tiefen, aus Berg und Tal und Wald und
Stromesglanz in schwellenden und steigenden Akkorden herauf quillt“.[5]

Zu Beginn des 20. Jahrhunderts gerät das Raum-Zeit-Gefüge durch die
Relativitätstheorie Albert Einsteins ins Wanken. Zeit und Raum werden
nun von ihren metaphysischen Bezügen befreit und können nicht mehr
unabhängig voneinander betrachtet werden. Dies drückt sich in der Kunst
vor allem in der neuen Bildsprache der Futuristen, der Kubisten, der
russischen Konstruktivisten sowie der Künstler des Bauhauses aus. Paul
Klee ging sogar so weit, die Zeit als Raum zu definieren, indem er den
Begriff der Polyphonie einführte: „Das zeitliche Element ist zu eliminie-
ren. Gestern und morgen als Gleichzeitiges. Die Polyphonie in der Musik
kam diesem Bedürfnis einigermaßen entgegen. [...] Die polyphone Malerei ist der Musik dadurch überlegen, als das Zeitliche hier mehr ein Räum-
liches ist. Der Begriff der Gleichzeitigkeit tritt hier noch reicher hervor.“[6]
Klee bezieht sich vor allem auf Arnold Schönbergs Kompositionen, mit
deren Auflösung der Tonalität und der Entwicklung der Zwölftonmusik.

In der zweiten Hälfte des 20. Jahrhunderts unterscheidet Heidegger
Umraum, Masseraum und Zwischenraum; dies schlägt sich unter anderem
in den Werken der Minimal Art nieder. Die Zeit fließt nicht mehr linear
dahin, sondern wird als bergendes Ganzes begriffen. John Cage revolutio-
niert die Musik. Er entlässt sie ins Schweigen, verlängert sie bis in die

3. Werner Beierwaltes, „Einleitung“, in: F. W. J. Schelling, *Texte zur Philosophie der Kunst*, ausgewählt und eingeleitet von Werner Beierwaltes, Stuttgart 1982, S. 9.

4. Wilhelm Heinrich Wackenroder / Ludwig Tieck, *Phantasien über die Kunst*, hrsg. v. Wolfgang Nehring, Stuttgart 1983, S. 60.

5. Ludwig Tieck, *Franz Sternbalds Wanderungen*, hrsg. v. Alfred Anger, Stuttgart 1988, S. 249.

6. Paul Klee, Tagebuch Nr. 1081, in: Paul Klee, *Tagebücher 1898–1918*, textkritische Neuedition, hrsg. v. Paul-Klee-Stiftung Kunstmuseum Bern, bearbeitet von Wolfgang Kersten, Stuttgart / Teufen 1988, S. 440 und 442.

Unendlichkeit oder unterwirft sie dem Zufall. Am 5. September 2001 begann in Halberstadt die Aufführung von *ORGAN²/ASLSP*, einem Konzert, das insgesamt 639 Jahre dauern wird. In der Kunst wird der Raum zum Handlungsraum. Performances und Happenings dehnen sich räumlich und zeitlich aus, die Videokunst entsteht, Land Art und Installationen müssen im Raum und damit auch in der Zeit erfasst werden.

Raumzeit

In diese hier nur grob skizzierte kunsthistorische Tradition stellt sich Kirstine Roepstorff mit der Ausstellung *Walking Beside Time*. Raum, Zeit und Klang werden dabei konsequent visuell umgesetzt, bleiben also der Wahrnehmung über das Auge vorbehalten. Sie materialisieren sich in Collagen und Skulpturen oder Rauminstallationen. Alle Exponate der Ausstellung sind im Sinne von „objets trouvés" als Wirklichkeitsfragmente zu verstehen: die Collagen, mit ihren Bestandteilen aus Büchern, Magazinen, Zeitungen, Stoffen, Metallen usw., die Objekte als skulpturale Zusammenführungen verschiedener Elemente wie auch die Inszenierung der Räume mit europäischen Landschaftssteinen oder chinesischen Gelehrtensteinen. Insgesamt betrachtet wird die Ausstellung selbst zur Collage, zum Sinnbild der Wahrnehmung von Welt, die immer nur als Fragment, also als individuelle Zusammenfügung von Einzelaspekten erfolgen kann.

Als Klammer der – als collageartige Gesamtinstallation konzipierten – Werkschau dienen farbige Vorhänge, die den Ausstellungsbereich im Obergeschoss nach außen hin abschließen. Den Farben der Vorhänge hat die Künstlerin verschiedene zeitliche Dimensionen zugeteilt. So kreisen die Werke der ersten beiden Räume mit sehr hellen Vorhängen um die Erinnerung an die Vergangenheit. In den nächsten beiden Räumen mit etwas dunkleren Vorhängen thematisieren die Exponate den noch zu füllenden Raum der Zukunft. In den letzten beiden Räumen des Obergeschosses befinden sich die dunkelsten Vorhänge. Hier befasst sich die Künstlerin mit der Verortung von Gegenwart. Bewusst unterläuft Roepstorff die gewohnte Chronologie von Zeit und macht deutlich, dass sich die Gegenwart aus den Erinnerungen an die Vergangenheit und den Vorstellungen über die Zukunft in jedem Augenblick neu konstituiert. Gegenwart definiert sie daher als einen ephemeren Zwischenraum. Bedeutung erhält dieser erst im Rückblick, sobald ihm als Erinnerung Gestalt und Gehalt zugeschrieben wird.

Die Abfolge der sehr feinen und leichten Vorhänge wird kontrapunktiert durch eine Reihe europäischer Landschaftssteine, massiver und kompakter Brocken, in die sich die Zeit über Jahrtausende hinweg assoziationsreich eingeschrieben hat. Mit ihrer Dichte, ihren verschiedenfarbigen Schichten und ihren an Landschaften oder Tiere erinnernden Silhouetten sind sie steingewordene Symbole der Zeit, Sinnbilder des Universums. Die Steine werden auf hohen runden Sockeln präsentiert, die sich dem Ausstellungsbesucher in den Weg stellen. Zwischen den säulenartig aufgereihten runden Podesten entstehen Zwischenräume, die zur architektonischen Gliederung der Ausstellungsräume einen gegenläufigen Rhythmus bilden. Wie musikalische Kontrapunkte unterteilen sie die räumliche Struktur, welche sich am Thema Zeit orientiert. Die so entstandenen Zwischenräume sind ein Kernthema der Künstlerin, die überwiegend in der Technik der Collage arbeitet. Die Collage, die ja per se immer wieder neue Zwischenräume entstehen lässt, ist für sie ein geeignetes Mittel zur Aneignung von Welt. Die Künstlerin erklärt dazu: „Ich nutze die Technik der Collage, um mir die bereits existierende Welt anzueignen und sie neu zu arrangieren. Ich entwende Material aus alltäglichen Medien, um sie neu zusammenzustellen und neue Größenverhältnisse und Gleichgewichte zu finden, die im realen Leben nicht praktikabel oder denkbar wären.“[7]

In ihren Collagen verwendet Roepstorff Abbildungen aus den unterschiedlichsten Medien und aus verschiedenen Zeiten, die sie mithilfe eines Kopierers in schwarz-weiß überträgt, stark vergrößert und dadurch formal so angleicht, dass ihr ursprünglicher Kontext nicht mehr erkennbar ist. Dann werden einzelne Motive ausgeschnitten und in mehreren Lagen reliefartig übereinandermontiert. Es entstehen Figurationen oder Landschaften mit hohem assoziativem Potential. Ihres ursprünglichen Kontextes beraubt, gewinnen die narrativen Elemente eine neue Sichtbarkeit, die ihnen wiederum neue Bedeutung verleiht. Die Collagen bündeln auf diese Weise mehrere Erzählstränge, aber auch verschiedene zeitliche Ebenen.

Die Künstlerin visualisiert unterschiedliche Zeiträume auch in den Kompositionen der Collagen. Werke, die die Vergangenheit thematisieren, haben einen dichten und motivisch eindeutig lesbaren Bildaufbau. Landschaftliche und figürliche Elemente verbinden sich zu einer narrativ aufgeladenen Bildtextur. In den Werken, die die Zukunft betreffen, herrscht hingegen Leere. Hier dominieren Freiflächen, die erst noch besetzt werden müssen. In den Collagen, welche die Gegenwart zum Thema haben,

7. Zitiert nach Andrea Kroksnes, „Formlosigkeit als
Strategie oder wie man Dinge in die Welt herunterholt“,
in: Kirstine Roepstorff, *Dried Dew Drops, Wunderkammer
of Formlessness*, hrsg. von Nikola Dietrich, Ostfildern
2010, S. 42.

überwiegt die disparate Struktur des „all-over", als müssten sich die einzelnen Elemente erst noch zu erkennbaren Motiven zusammenfinden.

In *Frozen Moment of Memory* können die drei Frauenfiguren als Allegorien der Zeit, für Kindheit, Jugend und Alter gedeutet werden. In *The Timbre Sensation of Reflection* sind es ein alter knorriger Baum und ein junges Mädchen mit Hut, die für die Vergangenheit und die damit verbundene Erinnerung stehen. Über den bildhaft-narrativen Schichten lässt sich auf den Collagen darüber hinaus eine weitere Ebene ausmachen, die durch abstrakte Lineaturen charakterisiert wird. Es handelt sich hier um Symbole für Klänge oder Vibrationen, deren Formen auch auf zeitliche Ebenen verweisen. So interpretiert die Künstlerin eckige Verläufe als modernere Klänge, während amorphe Formen den Widerhall des Urklangs visualisieren und Kreise Stille oder Schweigen zum Ausdruck bringen. Die Zeichen erinnern an musikalische Formverläufe, beispielsweise an die Darstellung der Fugen von Johann Sebastian Bach, wie sie sich auf zahlreichen Bildern von Paul Klee finden lassen.[8] Immer wieder kann die Kunst zu Beginn des 20. Jahrhunderts als kunsthistorischer Referenzpunkt ausgemacht werden. Es war eine Zeit, in der Künstler bestrebt waren, das hinter dem Sichtbaren Liegende darzustellen und Auren oder Energiefelder in abstrakten Farbformen wahrnehmbar zu machen. Der Klang der Dinge und der Farben, die dadurch erzeugten Vibrationen, das Geistige und die innere Notwendigkeit waren Kernthemen dieser Zeit. Zu erwähnen sind die Werke der Künstler des Blauen Reiters, vor allem von Wassily Kandinsky, oder auch die Bilder Arnold Schönbergs, die Musik-Malerei von František Kupka und Mikalojus Čiurlionis oder, etwas später, die Scherenschnitte des Werkzyklus *Jazz* von Henri Matisse.

In den Darstellungen der Zukunft sind die Klangformen bei Roepstorff stark zurückgenommen. Auch die Bildkompositionen bilden einen Gegensatz zur dicht besetzten Struktur der um die Vergangenheit kreisenden Bilder. Positive und negative Formen bilden in *Time Notes 1* und *Time Notes 2* Zukunft als Leerraum oder Möglichkeitsraum ab. Zukunft bedeutet aber auch, sich dem unendlichen Fluss der Zeit zu entziehen, sich in gewisser Weise neben die Zeit zu stellen, sie vorüberziehen zu lassen oder in den Raum hinter der Zeit zu schauen. *Space Behind Time* zeigt das Ziffernblatt des Big Ben, durch das weiße Stoffbahnen wie Lichtstrahlen in den Raum hinter der Zeit hineinreichen.

8. Friedrich Teja Bach, „Johann Sebastian Bach in der Klassischen Moderne", in: *Vom Klang der Bilder. Die Musik in der Kunst des 20. Jahrhunderts*, hrsg. v. Karin von Maur, München 1985, 332 f.

Bei den Darstellungen der Gegenwart geht es um Flüchtigkeit oder die Unendlichkeit des erlebten Moments, um die individuelle Wahrnehmung von Zeit, die ganz verschiedene Tempi haben kann. Entsprechend verschwindet die Krone eines Baumes in einem Betonquader, während die Wurzeln, von denen ein Pendel bewegungslos herabhängt, haltlos in den Raum hineinragen. *Resting Time* lautet der Titel dieser mit Vanitas-Symbolik aufgeladenen Skulptur. In dem aus Rahmen und Fäden bestehenden Objekt *Mother Of Time Showing Her Fruits* bildet sich Gegenwart als flüchtige Projektion ab, als zufälliges Gebilde, fragil und durchlässig.

Raumklang

Im Untergeschoss des Kunstpalais stehen die Messingskulpturen der Künstlerin, die sich mit dem Klang von Zeit befassen, im Zentrum der Ausstellungsinszenierung. Alle Skulpturen sind 2012 und 2013 entstanden und werden in *Walking Beside Time* erstmals ausgestellt. Sie tragen Titel, die sich auf musikalische Vortragsbezeichnungen beziehen: *Allegro – mezzo piano* oder *Adagissimo – piano pianissimo*. Die Möglichkeitsformen der Klänge des Universums versammeln sich *Abbandonatamente*, also frei und entspannt. Der unendliche, in sich verschlungene Raum des Universums klingt *Amoroso – mezzo forte*. Die Formen aus Messing erinnern an Schattenrisse von Pflanzen oder Regentropfen, an Musikinstrumente oder musikalische Notationen. Sie hängen an dünnen Schnüren von der Decke herab oder werden wie zufällig an Wände gelehnt.

Die ephemer wirkenden Messinginstallationen werden im Untergeschoss von sogenannten chinesischen Gelehrtensteinen kontrapunktiert. Ihre Bezeichnung leitet sich davon ab, dass diese Steine chinesischen Gelehrten seit dem 3. Jahrhundert n. Chr. als Anschauungsobjekte im Sinne eines Pars pro Toto dienten. Sie waren Objekte der Versenkung und der Meditation, galten als Wohnsitz von Göttern und Geistern. Präsentiert werden solche Steine auf wertvollen Kissen, Tüchern oder auf aufwändig geschnitzten Holzsockeln. Die durchbrochene Gestalt der Steine findet ihr lichtes Echo in den Collagen von Kirstine Roepstorff. Steine und Collagen bilden ein formales Äquivalent, das zwei zeitliche Ebenen auf überraschende Weise miteinander verbindet und so die jahrtausendealte Vergangenheit in der Gegenwart fortklingen lässt – und zwar *A nessuna cosa*, also so lange, bis der Ton verklingt.

Der Ausstellungsbesucher kann sich zwischen den schwebenden Formen, zwischen den Schatten, Spiegelungen und Reflexionen hindurch bewegen. Mikrokosmos und Makrokosmos verschmelzen zu einem sphärischen Gesamtklang, der in den filigranen Messingobjekten eine ephemer wirkende, temporäre Gestalt gefunden hat.

Die Künstlerin interessiert sich hier für die Zwischenräume, die entstehen, wenn der materialisierte Außenraum auf den inneren Raum des Geistigen und der Klänge trifft. Sie lässt Räume der Erinnerung oder der Vision entstehen, die dem Formlosen des Atmosphärischen, der Stimmungen und der inneren Klänge eine Möglichkeitsform verleihen. Dabei geht es ihr darum, ein Gleichgewicht zwischen Individuellem und Universellem zu schaffen. Dies gelingt durch das Mittel der Reduktion, das hier in einem formalen, aber auch in einem allgemeinen, grundlegenden Sinne zu verstehen ist. Für Kirstine Roepstorff bedeutet Reduktion das, was Schlegel mit dem Fragment zu beschreiben suchte: das Absolute, das als Quelle der Kreativität an sich formlos ist, in eine Form zu bringen und dadurch auf etwas zu reduzieren, das nur eine Möglichkeitsform ist. Um diese Möglichkeitsform zu erreichen, löst Roepstorff den realen Raum auf und überführt ihn in einen Möglichkeitsraum. Dies erreicht sie durch das sparsame, wie zufällig wirkende Arrangement ihrer Metallskulpturen im Raum. Eine Installation, die absichtsvoll so wirkt, als könne sie in jedem Augenblick ihre Erscheinungsform ändern. Auf diese Weise erinnern ihre Raumkompositionen an John Cages musikalische Arrangements, die er nach dem Zufallsprinzip komponiert hat.

Zwischenraum

In ihren Collagen und Rauminstallationen fragmentiert Roepstorff die sichtbare Wirklichkeit, führt sie auf diesem Wege in die Formlosigkeit zurück, um sie dann wieder neu zusammenzufügen und ihr dadurch eine neue Gestalt zu geben. Das Sichtbare ist also Ressource, die Natur wichtige Inspirationsquelle; aber nicht in ihrer Erscheinungsform, ihrer Daseinsform, sondern in ihrer Möglichkeitsform, als Metapher, als Klang. Dabei geht es stets um das Große und Ganze, um grundlegende Aspekte unseres Daseins.

Dies ist ein Ideal, das in der Romantik wurzelt. Hier galt das Fragment als Pars pro Toto. Es machte das Unendliche im Endlichen gegenwärtig.

„Gebildet ist ein Werk, wenn es überall scharf begrenzt, innerhalb der
Grenzen aber grenzenlos und unerschöpflich ist, wenn es sich selbst ganz
treu, überall gleich, und doch über sich selbst erhaben ist", schreibt
Friedrich Schlegel in seinem 297. *Athenäums-Fragment*.[9]

Und wenn Novalis beklagt, dass die nüchterne Rationalität „die unendliche schöpferische Musik des Weltalls zum einförmigen Klappern einer
ungeheuren Mühle" mache,[10] dann ist er ganz nah an dem, was Kirstine
Roepstorff mit ihren Werken einfangen möchte: den Klang des Universums,
der sich außerhalb der Zeit befindet, und nur in einem ephemeren Zwischenraum als Fragment erfasst werden kann.

9. Friedrich Schlegel, *Fragmente. Athenäums-Fragment
297*, zitiert nach: http://www.zeno.org/Literatur/M/Schle-
gel,+Friedrich/Fragmentensammlungen/Fragmente, zuletzt
abgerufen am 16.10.2013.

10. Novalis, *Die Christenheit oder Europa. Ein Fragment*,
geschrieben im Jahr 1799, Quelle: http://gutenberg.spiegel.
de/buch/6618/26, zuletzt abgerufen am 11.10.2013.

"Das Paradoxe an der künstlerischen Arbeit liegt meines Erachtens im Prozess der Verwendung der Ressourcen und der Inspiration des Formlosen sowie darin, eine geeignete Form zu finden, um eine Idee zu vermitteln. Es ist eine eindeutige Reduktion, aber das ist, offensichtlich, die Voraussetzung für einen materiellen Ausdruck."[1]

Seit Einzug der Moderne zu Anfang des 20. Jahrhunderts haben sich die herkömmlichen Begriffe zur Kategorisierung von Kunst grundsätzlich gewandelt. Zur Malerei, Grafik und Skulptur gesellen sich Collage, Assemblage, Frottage, performative Kunst, Kunsthappenings bis hin zur Rauminstallation, die wiederum eine Materialcollage darstellt.[2] Zudem bedingt die Durchdringung der verschiedenen Kunstgattungen sowohl einen offeneren Begriff des Künstlers als auch des Kunstwerks. So bezeichnet der Kunsthistoriker und Kurator Wulf Herzogenrath Künstler, die in ihren Arbeiten alle Künste vereinen, als „Polyartists" und zählt dazu u.a. John Cage und Joseph Beuys; aus dieser Durchdringung resultiere, dass die Vorstellung vom abgeschlossenen Kunstwerk aufgehoben sei. Kunst sei vielmehr als etwas bereits Vorhandenes, Gegebenes zu betrachten, das der Künstler entdecken könne.[3] Somit tritt der Künstler quasi als Vermittler auf – als bereits Gegebenes existiert die Kunst dabei unabhängig vom Werkbegriff. Im Zusammenhang mit den Arbeiten von Kirstine Roepstorff wird immer wieder das Verfahren der Collage betont: das Appropriieren und Neu-Arrangieren bereits bestehenden Materials.[4]

Zweifellos durchdringt diese Methode ihre Arbeiten und erstreckt sich bis in den gesamten Ausstellungsraum. In ihrer beeindruckenden Ausstellung *Dried Dew Drops: Wunderkammer of Formlessness* (2010) im Museum für Gegenwart in Basel widmete sich Roepstorff in umfassender Weise dem widersprüchlichen Unterfangen der Beschreibung des Formlosen. Die Idee, das Kreative, das Gefühl, der Moment existieren außerhalb unserer Vorstellungswelt – und auch in der Formwerdung, der Kunst, verlassen sie den Bereich des Formlosen nicht. Roepstorff schildert treffend:

„Aufgrund seines Wesens ist es unmöglich, das Formlose zu beschreiben. […] Eine Form muss nicht haptisch erfahrbar sein. Ein Klang oder ein Musikstück und Farben sind auch Formen. […] Die Formlosigkeit existiert sowohl innerhalb als auch außerhalb von uns, denn ihr Dasein bleibt von anderen Formen komplett und vollständig unberührt."[5]

---

1. „Formlosigkeit durch Formen. Nikola Dietrich im Gespräch mit Kirstine Roepstorff", in: Nikola Dietrich (Hrsg.), *Kirstine Roepstorff, Dried Dew Drops. Wunderkammer of Formlessness*, Ausst.-Kat. Museum für Gegenwartskunst Basel (2010/11) / The National Museum of Art, Architecture and Design, Oslo (2011/12), Ostfildern 2010, S. 10.

2. Vgl. beispielsweise Antonella Fuga, „Techniken und Materialien der Kunst", in: *Bildlexikon der Kunst*, Bd. 10, Berlin 2005, S. 362 ff.

3. Wulf Herzogenrath, „John Cage - der Künstler, der das Leben akzeptiert", in: Wulf Herzogenrath / Andreas Kreul (Hrsg.): *Klänge des Inneren Auges. Mark Tobey, Morris Graves, John Cage*, Ausst.-Kat. Kunsthalle Bremen (2002) / Museum of Glass, Tacoma (2002) / Fondation Beyeler, Basel (2002/03), München et al. 2002, S. 36-53, S. 36-37.

4. Vgl. dazu Kirstine Roepstorffs Aussage: „I use the method of collage to appropriate and re-arrange the already existing world. The collage is a good tool to create transpositions and to melt or to change conventional proportions."

Was das wiederum für ihre Kunst bedeutet, beschreibt sie an anderer Stelle:

„Ich habe die Tatsache akzeptiert, dass sich das, was ich als 'das Kreative' betrachte, im formlosen Bereich des Absoluten findet. Aber um etwas daraus zu machen, das ich vermitteln kann, muss ich es auf eine Form reduzieren. Hier erlaube ich mir, das Grenzenlose innerhalb der Grenzen zu erproben; das unendliche Potenzial innerhalb einer gegebenen Struktur."[6]

So verwundert es nicht, dass sich Roepstorff in *Walking Beside Time* (2013) erneut dem Bereich des Formlosen nähert. Im Heraustreten aus der Zeit und somit aus einer historischen Distanz wird die Zeit erst ersichtlich. Die Verarbeitung historischen Bildmaterials in Form von Fotos, Illustrationen aus Zeitungen und Büchern findet sich häufig in Roepstorffs Collagen. Dabei wird das vorgefundene Bildmaterial nie direkt verwendet und unterliegt immer einer Bearbeitung. Manche Motive tauchen in Variationen wiederholt in ihren Arbeiten auf und nehmen verschiedene Rollen ein. Im Kontext der Ausstellung nimmt das Motiv des Entfesselungskünstlers in den Collagen *Unbreaking Time #1–4* (2013) eine Hauptrolle ein, während es beispielsweise in der Serie *Scene 7 (Balance II)* (2005) in Miniaturen auf der obersten Schicht erscheint. Bildvordergrund und Bildhintergrund verschmelzen hier miteinander wie in einem Vexierbild ein Balancieren zwischen den Bildebenen. Zwischen die Bildschichten setzt Roepstorff kleine Abstandhalter, die den Collagen eine reliefartige Qualität verleihen. Es entstehen Zwischenräume, die aber aufgrund der Materialität nicht unbedingt einsehbar sind; dennoch existieren sie. Zum einen zeigt sich so die Prozesshaftigkeit des Arrangierens und Übereinanderlagerns; zum anderen wird so die Vielschichtigkeit des verwendeten Materials deutlich.

In *Ring of Silence* (2011) begegnet der Betrachter zwei Frauenköpfen im Profil. Obgleich die Gesichter einander zugewandt und im unteren Bildteil miteinander verbunden sind, gibt es keine direkte Interaktion oder Kommunikation zwischen ihnen. Trotz der Nähe zwischen den beiden Bildnissen entsteht zugleich der Eindruck weiter Entfernung. Das Bildnis der Frau im Hintergrund, mit geneigtem Kopf, ist im Negativmodus und sie scheint sich im schwarzen Bilduntergrund aufzulösen, darin gleichsam auszuklingen. Der Blick der Frau rechts im Bildvordergrund schweift ins Leere, ihre Nase scheint zart die Stirn ihres Gegenübers zu berühren, doch

(Kirstine Roepstorff, *Who Decides Who Decides*, Frankfurt a.M. 2004, o.S.).

5. „Nikola Dietrich im Gespräch mit Kirstine Roepstorff", a.a.O., S. 10. In der englischsprachigen Version: „Due to its essence, the formless is impossible to describe. [...] A form does not have to be tactile. A sound or a piece of music and colours are also forms. [...] Formlessness exists both inside and outside of us since its presence is completely and entirely undisturbed by other forms." („Nikola Dietrich in Conversation with Kirstine Roepstorff", a.a.O., S. 11).

6. „Nikola Dietrich im Gespräch mit Kirstine Roepstorff", a.a.O., S. 16. In der englischsprachigen Version: „I have come to terms with the fact that what I consider to be ‚the creative' is picked up in the formless realm of the absolute. But for me to make anything out of it, which I can communicate, I have to reduce it to a form." („Nikola Dietrich in Conversation with Kirstine Roepstorff", a.a.O., S. 15).

kommt es zu keiner Berührung. Sinnbildlich scheinen die beiden Bildnisse für zwei Personen zu stehen, die nicht am selben Ort, womöglich nicht zur gleichen Zeit existieren und dennoch miteinander in Verbindung stehen. Die Frage nach Anwesenheit und Absenz, dem Dasein und dem Nicht-in-Erscheinung-Treten, stellt einen wesentlichen Aspekt in den Arbeiten von Roepstorff dar. Andreas Roepstorff beschreibt es folgenderweise: „In real life, there is rarely pure absence and pure presence; instead, it is a constant navigation between waiting and wanting, potentialisation and actualisation."[7] Der Titel der Arbeit unterstreicht den Eindruck der Stille zwischen beiden und fokussiert zugleich auf eine weitere Bildebene. Auf der obersten Ebene appliziert Roepstorff sowohl geometrische als auch biomorphe Formen aus schwarzer und weißer Pappe: Ringe, Spiralen, treppen- oder schlangenartige Linien und organische Formen. Hier verleiht also ein Ring der Stille Form. Die Stille zwischen den beiden Frauen wird einerseits umso deutlicher, andererseits drängt sich eine weitere Lesart auf: die Kommunikation findet auf einer anderen Ebene statt. Eine Schlangenlinie setzt an der Oberlippe der einen an, die andere Schlangenlinie liegt auf dem Kopf, an den Schläfen der anderen; als lausche die eine gedankenverloren den Worten der anderen.

Auch in der großformatigen Arbeit *Frozen Moment of Memory* und in *The Timbre Sensation of Reflection*, beide 2011, erscheinen auf der obersten Bildschicht geometrische und biomorphe Formen. Darauf angesprochen erwidert Roepstorff, dass diese Elemente „Klang" seien. Mit dieser Information sieht sich der Betrachter einem grundlegendem Problem gegenübergestellt, das normalerweise die Qualität des Klangs betrifft: Wir hören nichts. Auch das verwendete Material ist stumm. Pappe, im Gegensatz zu Metall, klingt nicht. Laut Duden bezeichnet „der Klang" eine temporäre Erscheinung, die mit dem Ohr wahrgenommen wird und vergeht.[8] Zudem bezeichnet es „eine bestimmte Eigenheit der Töne einer Stimme, eines Instrumentes". Diese Eigenheit wird auch als Klangfarbe oder Timbre bezeichnet. Beide, Klang und Timbre, sind mit dem bloßen Auge nicht wahrnehmbar. Elemente von „Klang" tauchen in den obersten Schichten ihrer Collagen auf und bestehen zunächst aus Pappe, später auch aus Metall (*Spherical Music #1–5* (2012).

Timbre Objects (2012) nennt Roepstorff ihre Messingskulpturen, die aus ähnlichen geometrischen und organischen Formenrepertoires zusammengesetzt sind wie der „Klang" aus Pappe in den Collagen. Runde,

7. Andreas Roepstorff äußert sich zum generellen Wesen der Arbeiten von Kirstine Roepstorff in „What's love got to do with it?", in: Kirstine Roepstorff, *Who Decides Who Decides*, a.a.O., S. 99.

8. Vgl. dazu den Eintrag zum „Klang" im Rechtschreibduden: „1. etwas, was akustisch in reiner, dem Ohr wohlgefälliger Weise wahrgenommen wird und über eine kürzere Zeit hin, aber allmählich schwächer werdend, andauert; Ton, der durch das harmonische Zusammenklingen meist heller, reiner Töne entsteht. 2. bestimmte Eigenheit der Töne einer Stimme, eines Instrumentes o. Ä.", Quelle: http://www.duden.de/rechtschreibung/Klang, zuletzt abgerufen am 20.10.2013.

eckige, baumelnde, gleichmäßige und ungleichmäßige Formen sind behutsam ponderiert und das Licht spiegelt sich in der Oberfläche. Fixiert sind die fragilen Objekte auf Holz- oder Betonsockeln.[9] Alle *Timbre Objects* sind still, so auch *Acciaccato – p, Acceso und Antiphon* (2013), die in einer Rauminstallation zusammengefügt sind. Wie zuvor in ihren Collagen verwendet Roepstorff verschiedene Materialien; diesmal Messing, Stahl, Schnur, Kabel, Plastik, Holz etc. Die Skulpturen erscheinen fragil und leicht, wie kostbare Schmuckstücke. Einzelne Teile der Arbeiten schweben an Ketten in einer Rahmenkonstruktion: erneut finden sich neben alltäglichen Gegenständen wie Karabiner, Pendel, Glühbirne und Glas auch geometrische und biomorphe Formen. Messing im Gegensatz zu Pappe klingt und wird bei der Herstellung von Blechblasinstrumenten verwendet. *Acciaccato – p*, bestehend aus gebogenen Messingstäben, schwebt leicht im Raum wie ein Mobile und unterstreicht die Assoziation mit Musik. Der Titel verweist auf die Spielweise von Musikpartituren auf Tasteninstrumenten. *Antiphon* gehört auch in die Welt der Musik und bedeutet „Wechselgesang"; *Acceso*, erneut italienisch, bedeutet so viel wie „entzündet" und tatsächlich leuchtet die Glühbirne. Die Titel verweisen auf einen musikalischen Zusammenhang. Und die Instruktionen geben üblicherweise dem Musiker Anweisungen, ein Stück zu interpretieren – bevor das Stück zum Leben erweckt wird, bevor es ertönt. In diesem Moment ist der Klang nicht existent, auditiv wahrnehmbar und gehört gleichsam in den Bereich des Imaginären: der Vorstellungswelt des Interpreten. Eine Note definiert nur einen Aspekt des Klangs. Das Timbre, die Klangfarbe, die Klanghöhe, die Lautstärke etc. werden darin nicht erfasst. Hier zeigt sich zudem die Komplexität, „Klang" zu erfassen:

„Was ist Klang überhaupt? Ist er eine subjektive oder sekundäre Qualität? Lässt er sich angemessen anhand perzeptiver Eigenschaften oder Momente beschreiben […]? Ist er nicht ebenso im Hinblick auf das Feld, aus dem er sich abheben muss, […] zu charakterisieren? Oder ist er noch aus einer ganz anderen Perspektive zu verstehen, nämlich als auditives Anzeichen des Ereignisses, was ihn hervorbringt? Gibt es ‚einfache' Klänge, […] so dass sich alle komplexeren Klänge als aus dieser Elementareinheit zusammengesetzt beschreiben lassen? In welcher Beziehung stehen die perzeptiven Momente eines Klangs, in welcher Relation die Konstituenten eines auditiven Ereignisses, und welches sind diese überhaupt?"[10]

9. Interessant im Hinblick auf Roepstorffs Inszenierung ihrer Skulpturen im Raum ist die Lektüre von: Nina Gülicher, *Inszenierte Skulptur. Auguste Rodin, Medardo Rosso und Constantin Brancusi*, München 2011. Gülicher untersucht, inwiefern sich mit der Modernisierung des Skulpturenbegriffs auch die Tätigkeit des Künstlers wandelt. Die künstlerische Praxis endet nicht mit der plastischen Tätigkeit. Die Inszenierung, die „mise-en-scène", wird als künstlerische Strategie erkannt und wahrgenommen.

10. Daniel Schmicking, *Hören und Klang. Empirisch phänomenologische Untersuchungen*, Würzburg 2003, S. 13.

Diese Fragestellungen ergründet Daniel Schmicking in seiner Publikation *Hören und Klang. Empirisch phänomenologische Untersuchungen* und er stellt direkt zu Beginn neben der bislang unterschätzten Komplexität des Klangs fest, dass Hören „ein vernachlässigtes Stiefkind der Wahrnehmungsphilosophie und Erkenntnistheorie [...]" sei.[11]

Roepstorff verfolgt kein wissenschaftliches Interesse an der auditiven Wahrnehmung oder Gestalt von Klang. Trotz der Verweise zur Klassischen Musik geht es Roepstorff auch nicht, wie vielen Künstlergenerationen zuvor, um eine Vereinigung von Skulptur, Musik und Zeit.[12] Die schwebenden Skulpturen oder einzelnen Elemente, wie in der Rauminstallation *Abbandonatamente* (2013), könnten prinzipiell schwingen und auch Klang erzeugen. Erneut verweist der Titel auf Instruktionen zur Spielweise: mit Hingabe, ohne Zurückhaltung. Sowohl die raumerfüllenden Installationen als auch die Skulpturen ermöglichen die Erfahrung von Raum. Den Aspekt der Zeit erfahren wir indirekt über die Dauer des Aufenthalts, aber nicht durch die Bewegung der Objekte oder temporäre Erscheinung eines hörbaren Klangs. Roepstorff nimmt Klang als eine der gegebenen Erscheinungen wahr, die uns wie Zeit oder Raum umgeben. Klang als eine formlose Dimension – unbeschreiblich. Die Rauminstallation *Abbandonatamente* besteht aus feinen Fäden in unterschiedlicher Länge mit unterschiedlichen Anhängern, die im Dunkel, vorderseitig beleuchtet, ein faszinierendes Wechselspiel von Licht, Schatten und Reflexion entstehen lassen. Man kann es quasi klingen sehen, wie eine Sinfonie – doch hören wir nur mit den Augen. Es herrscht Stille – vielmehr ein Bild der Stille.

11. Ebenda, S. 14. Und er konstatiert weiter: „Das Forschungsparadigma und die Erkenntnismetaphern des Sehens dominieren bis zum heutigen Tag nicht nur in der Philosophie, sondern auch in ihren Nachbarwissenschaften [...]" Ebenda, S.15.

12. Neben den eingangs erwähnten „Polyartists" wie Joseph Beuys, John Cage oder Nam June Paik liefert die Kunstgeschichte zahlreiche andere und frühere Beispiele. Hier sei nur stichwortartig auf Wassily Kandinskys *Farbsymphonien*, Paul Klees *Zwitschermaschine*, die Geräuschmaschinen der Futuristen bis hin zu Jean Tinguelys berühmten *Metámatic*, Marcel Duchamps *Erratum Musical* 1913, Yves Kleins *Symphonie Monotone-Silence* 1947–61 etc. verwiesen. Interessant erscheinen in diesem Kontext die Arbeiten von Alexander Calder, der sich 1931 in seinen ungegenständlichen Drahtkonstruktionen, bestehend aus organischen und abstrakten Formen, mit Raum und Zeit beschäftigt. Diesen ersten beweglichen und tonlosen Skulpturen gab Marcel Duchamp den Namen *Mobiles*. Zudem entstanden die weniger bekannten klangerzeugenden *Noise Mobiles*. Klang wird als Störgeräusch, als „Lärm" (noise) eingeordnet und ist in dem Fall vielmehr ein Reflex auf die zeitgenössische Musik, auf den Einfluss des Zufallsprinzips in der Musik. Mehr Informationen dazu gibt: Karin von Maur (Hrsg.): *Vom Klang der Bilder. Die Musik in der Kunst des 20. Jahrhunderts*, Ausst.-Kat. Staatsgalerie Stuttgart, München 1985.

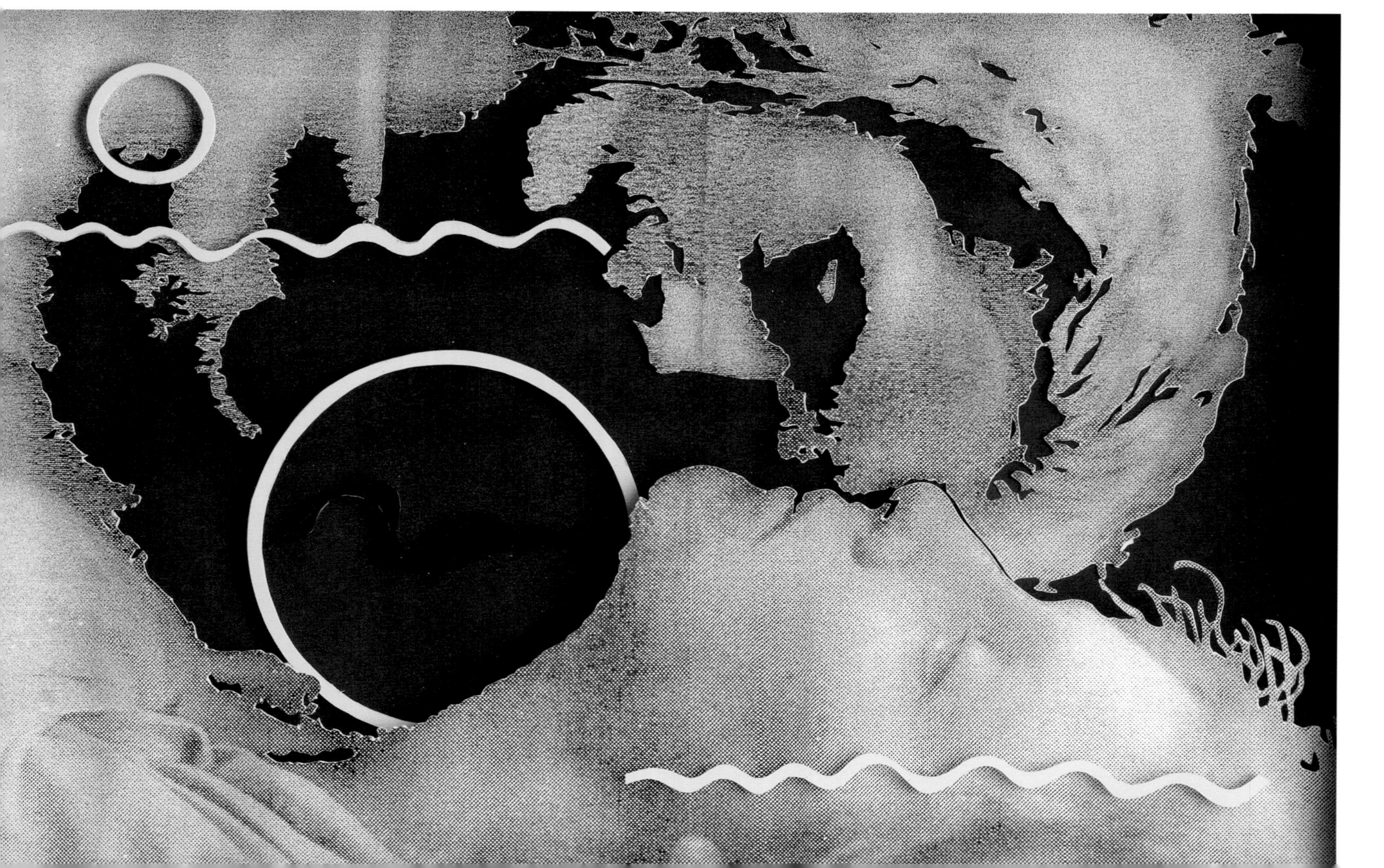

The past does not exist,
it has gone

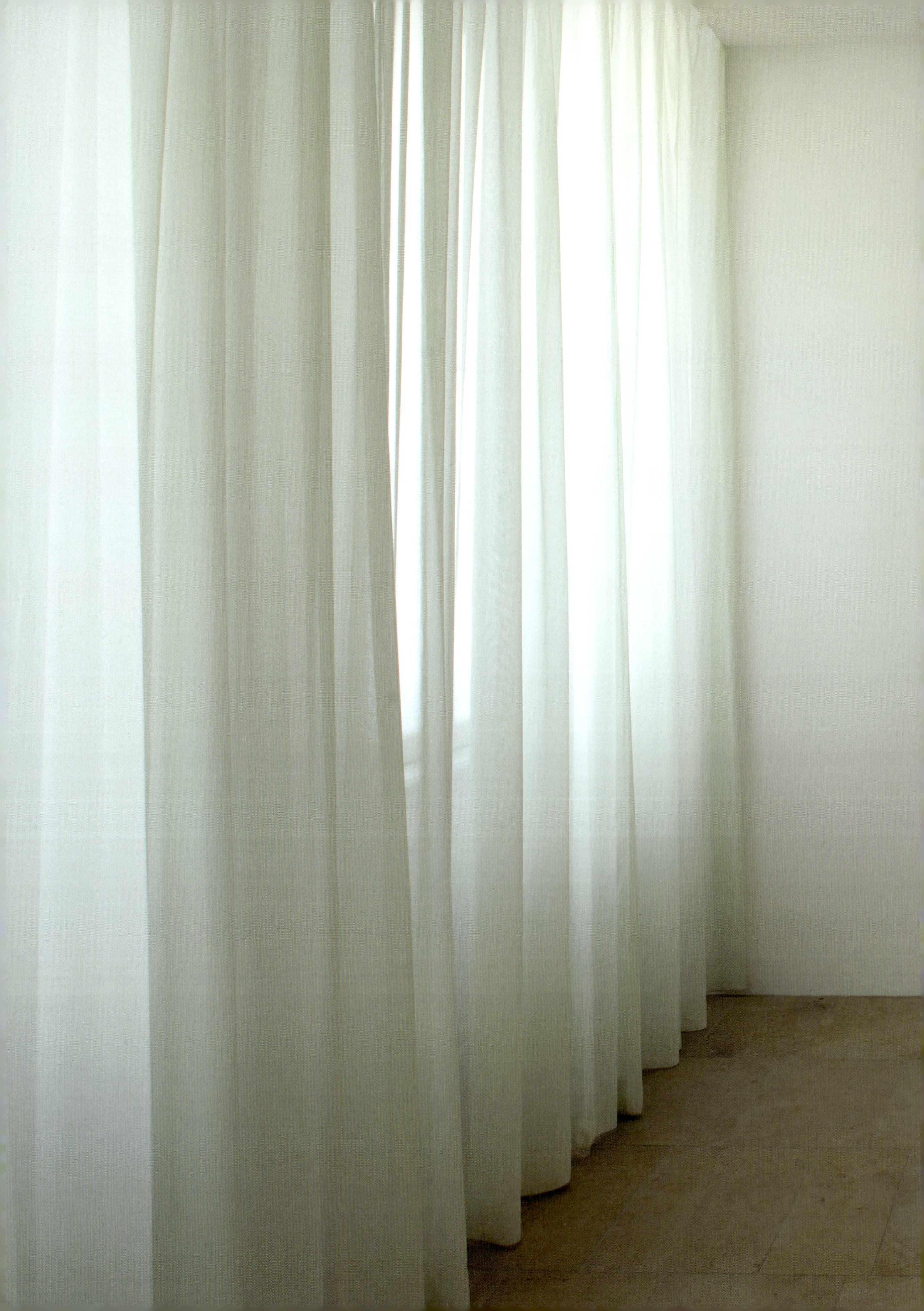

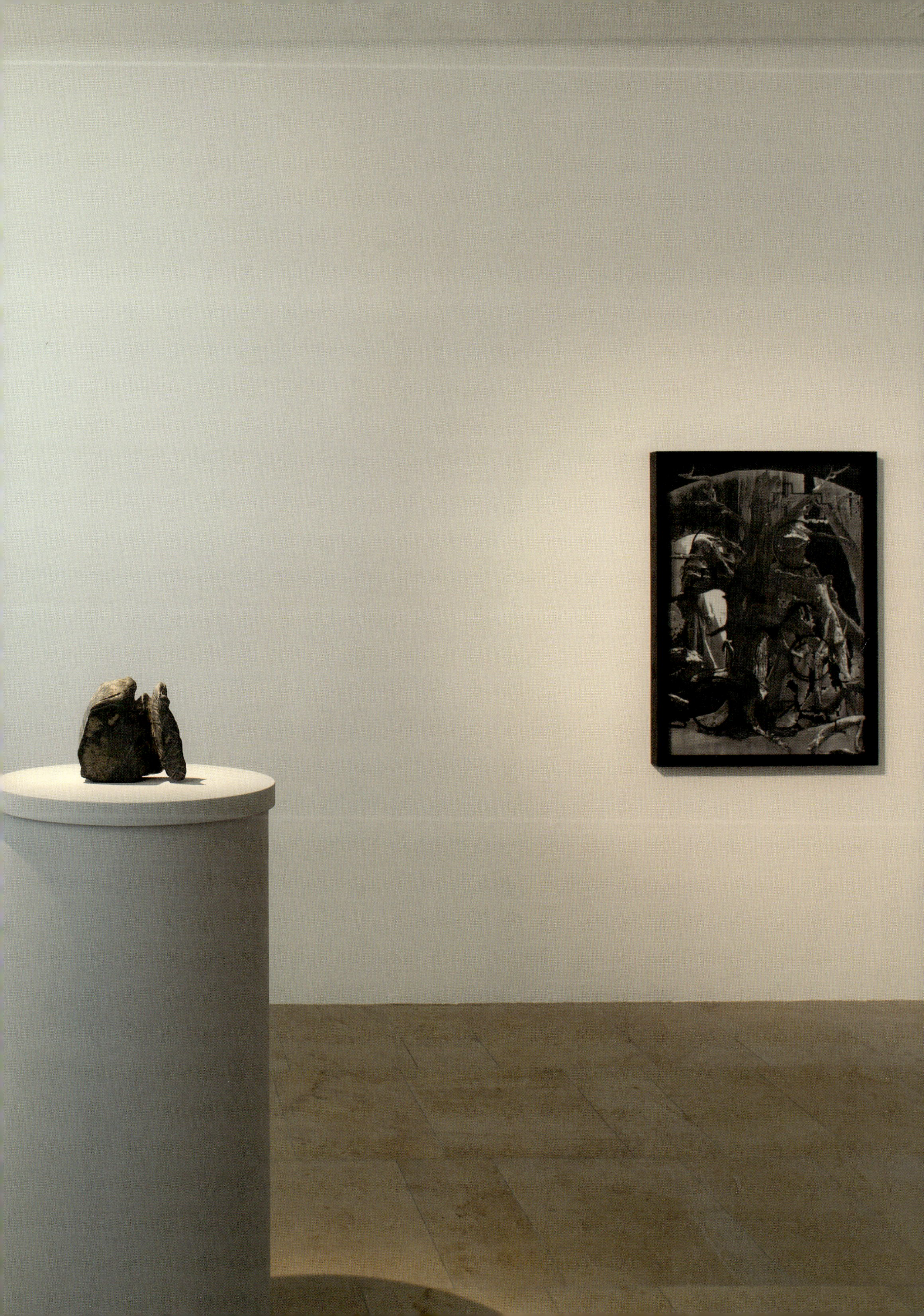

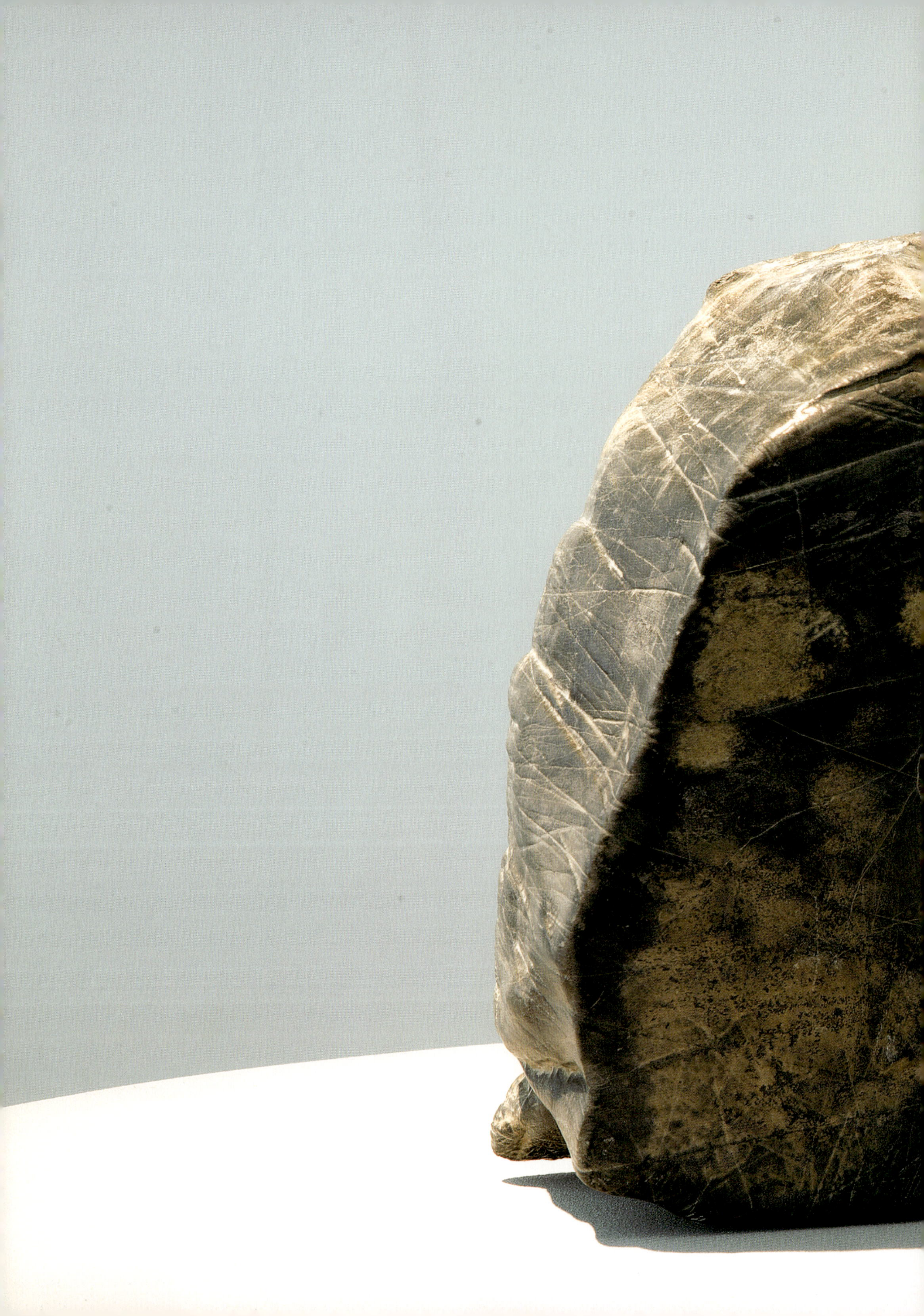

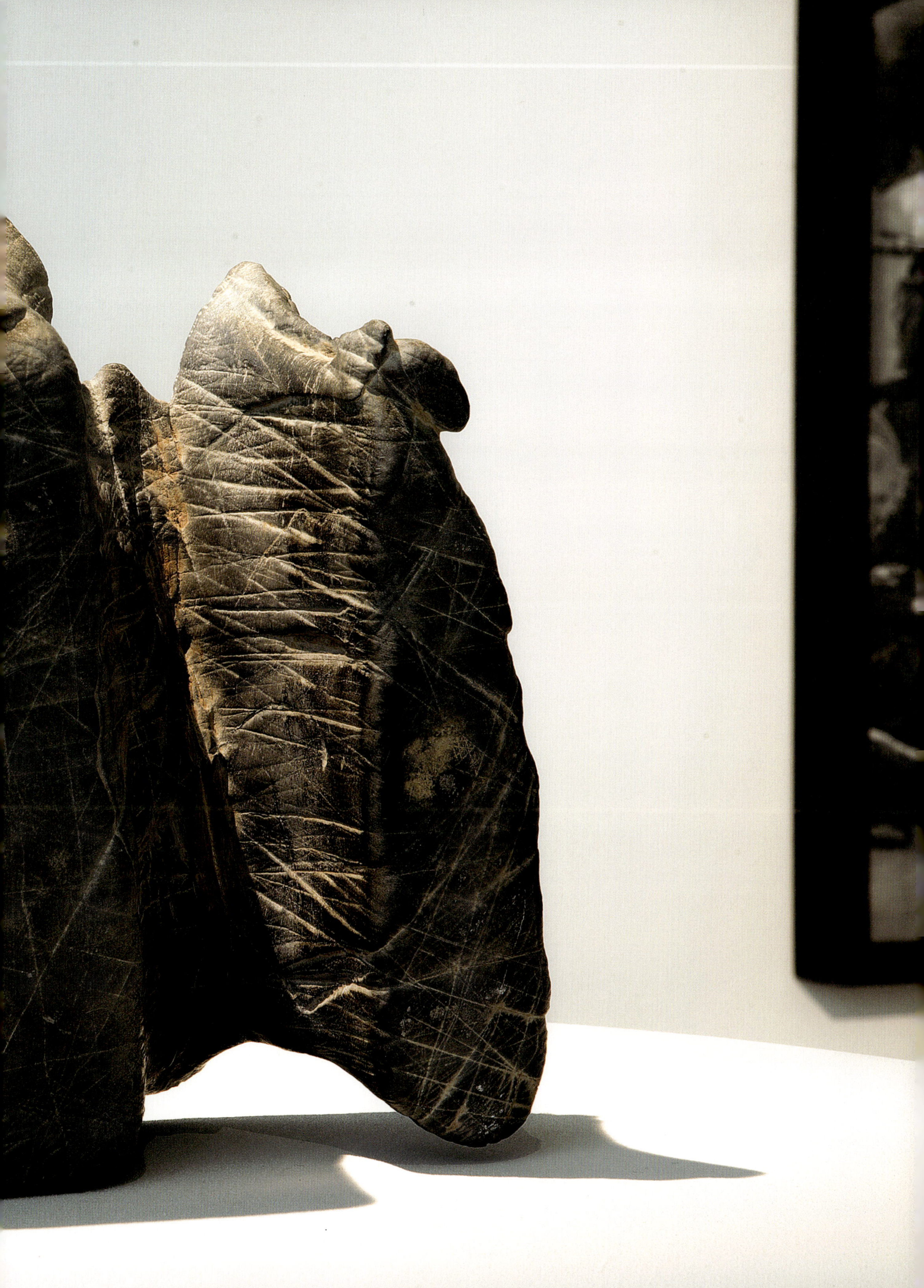

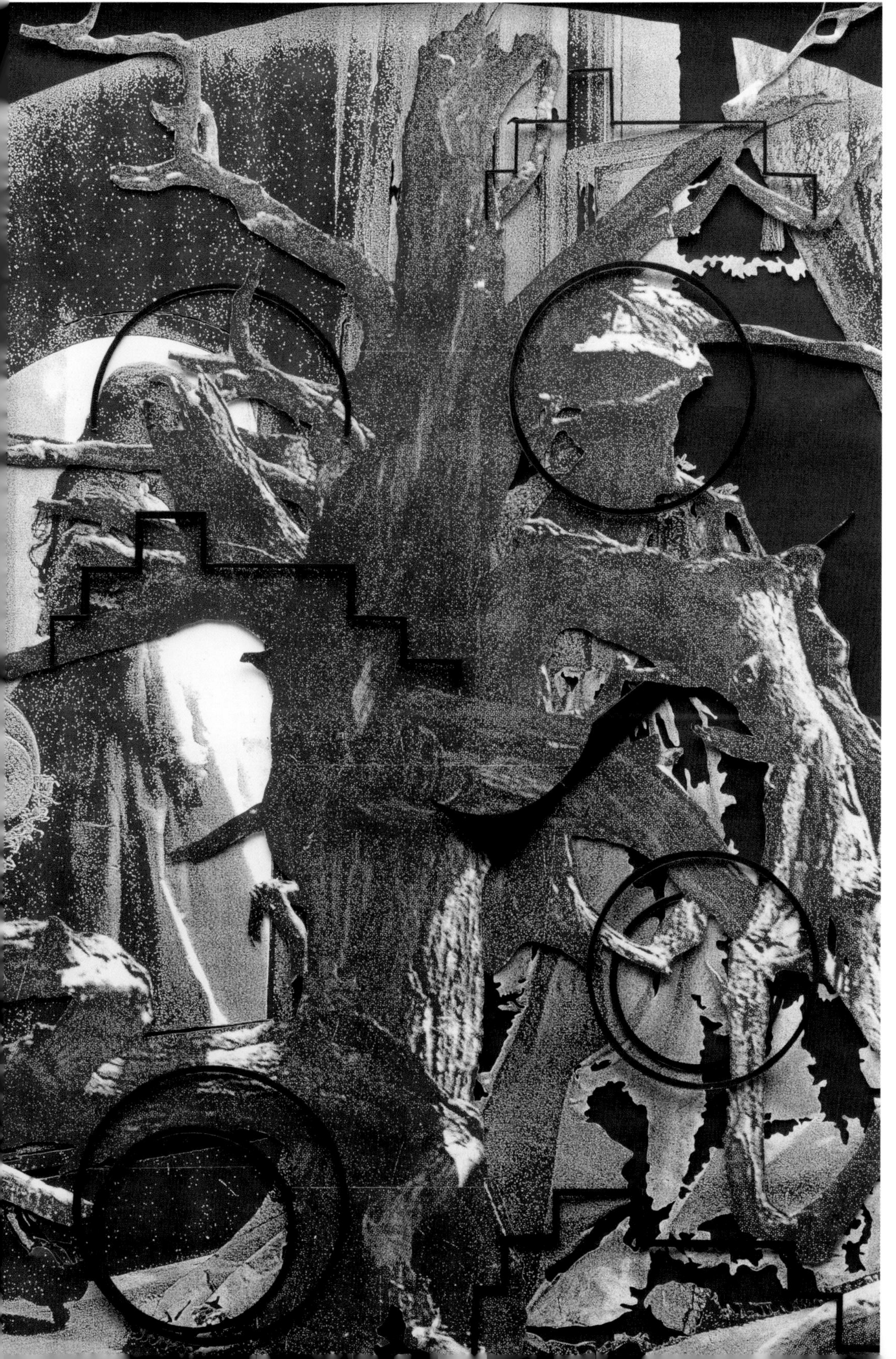

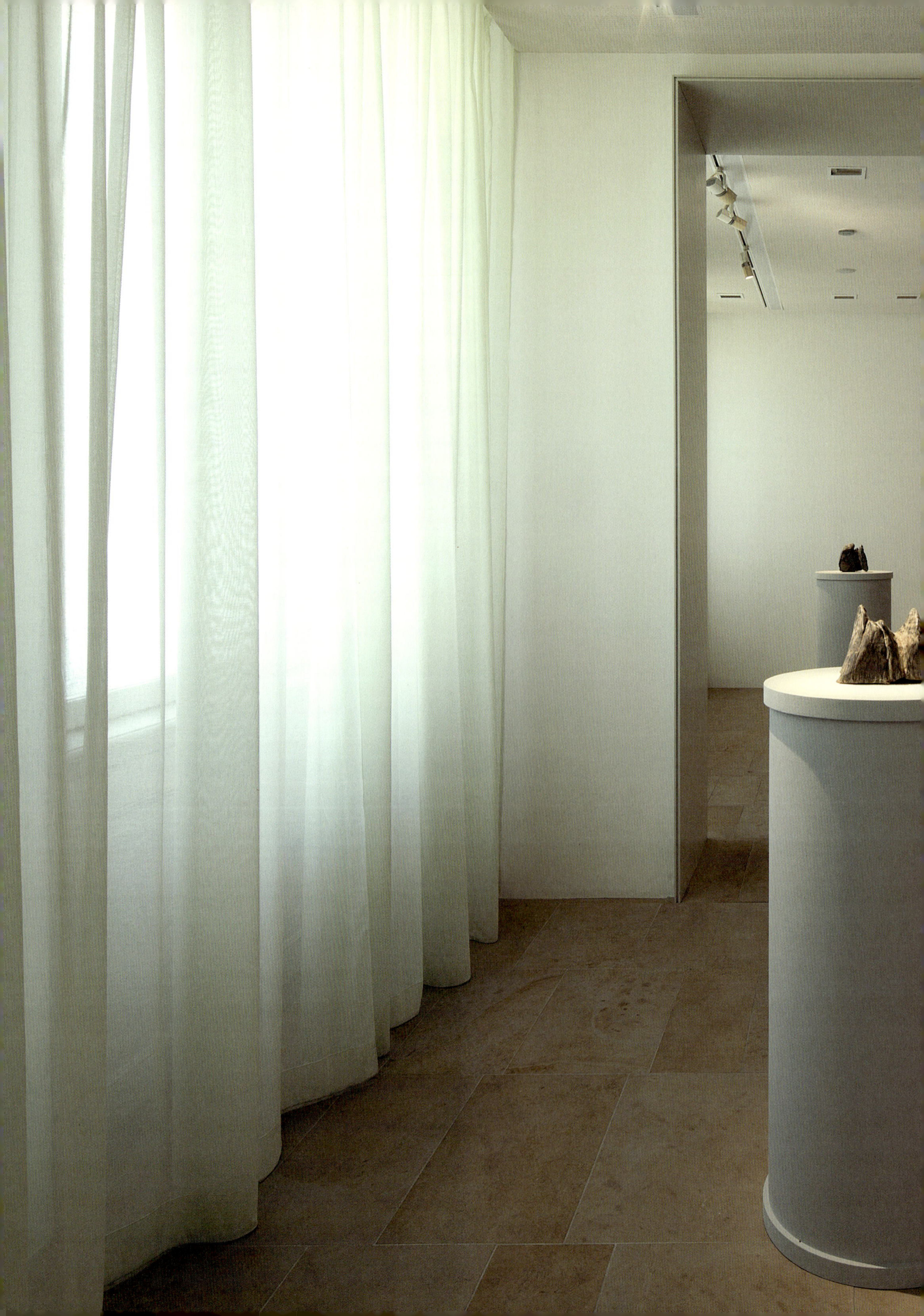

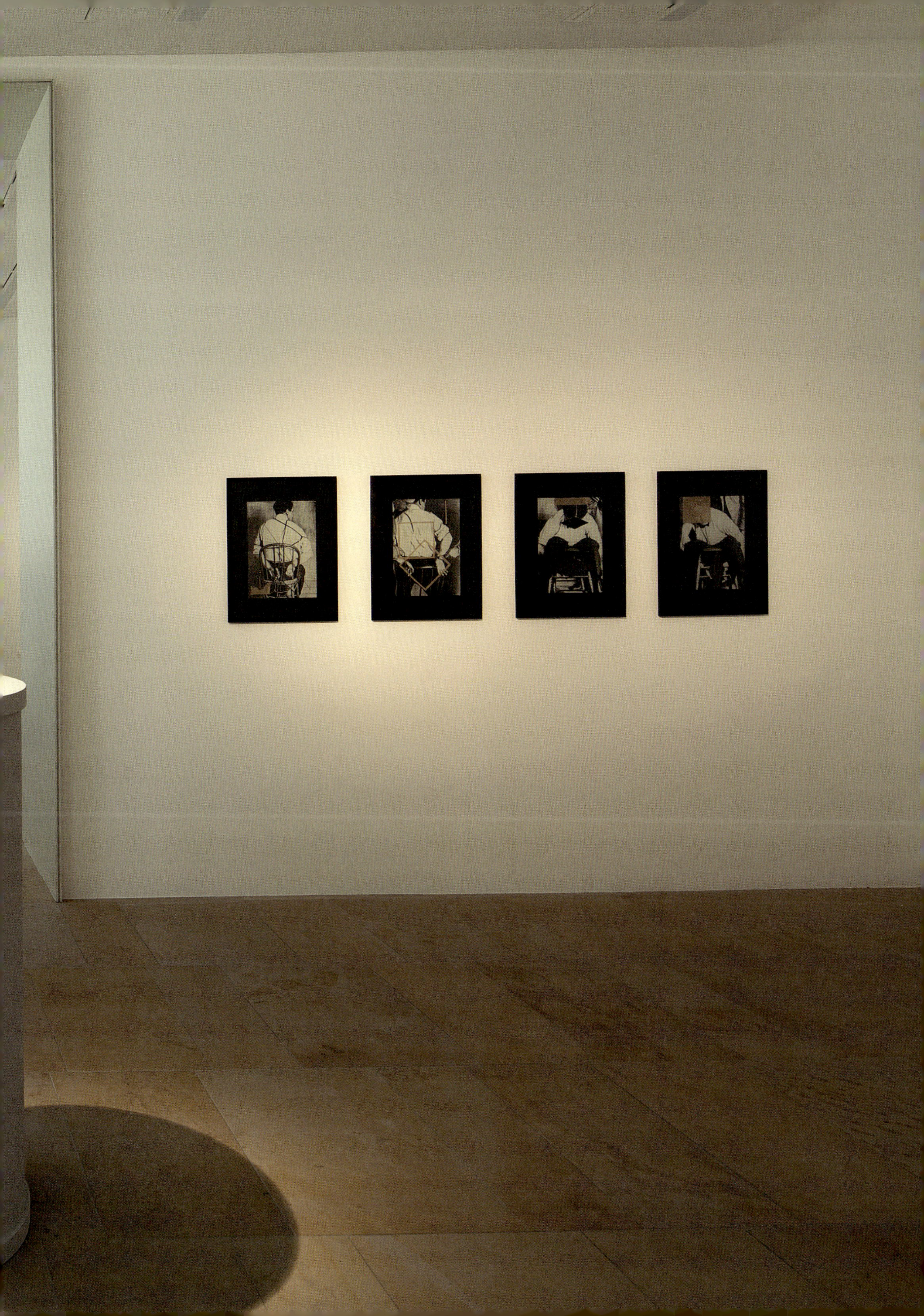

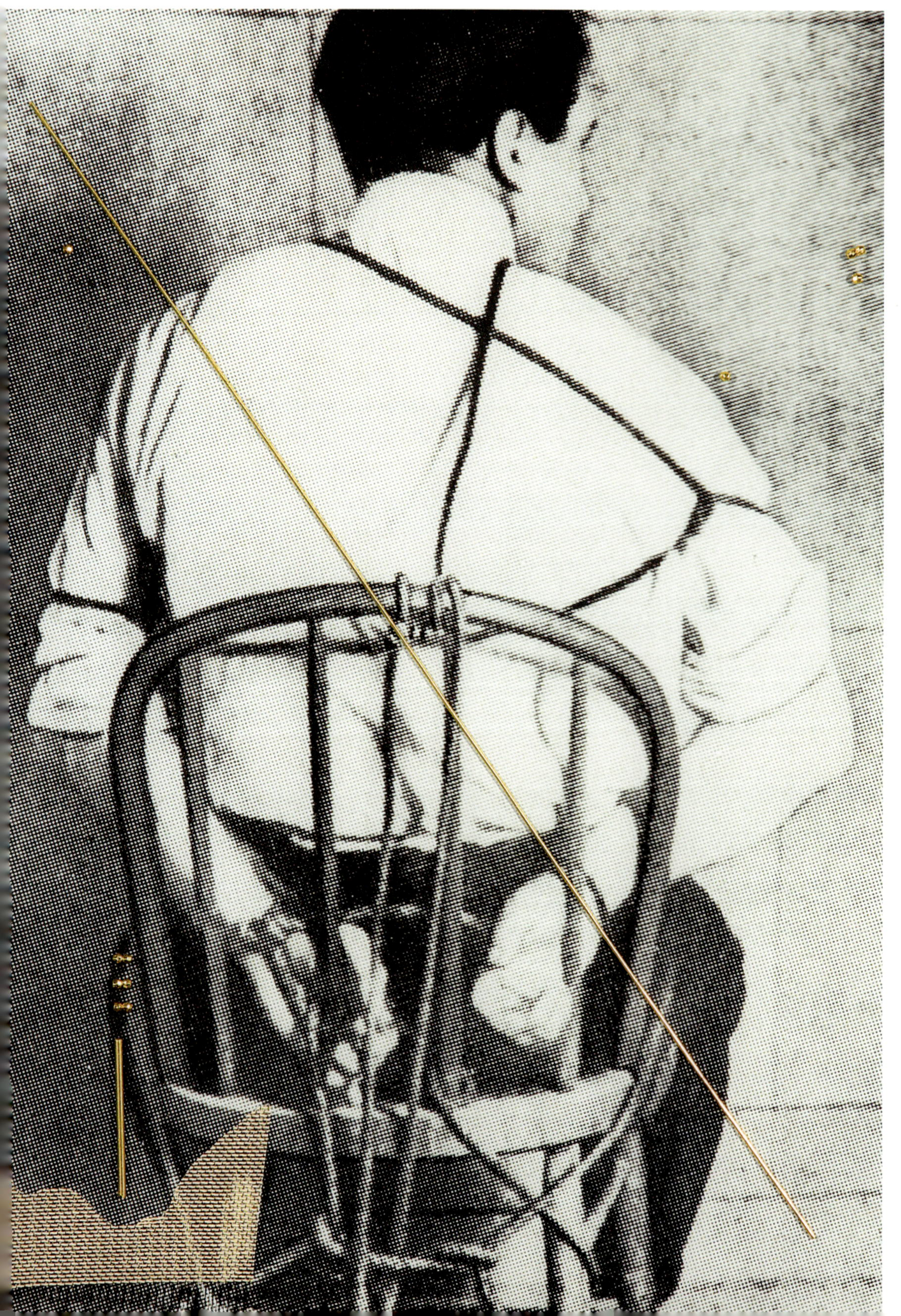

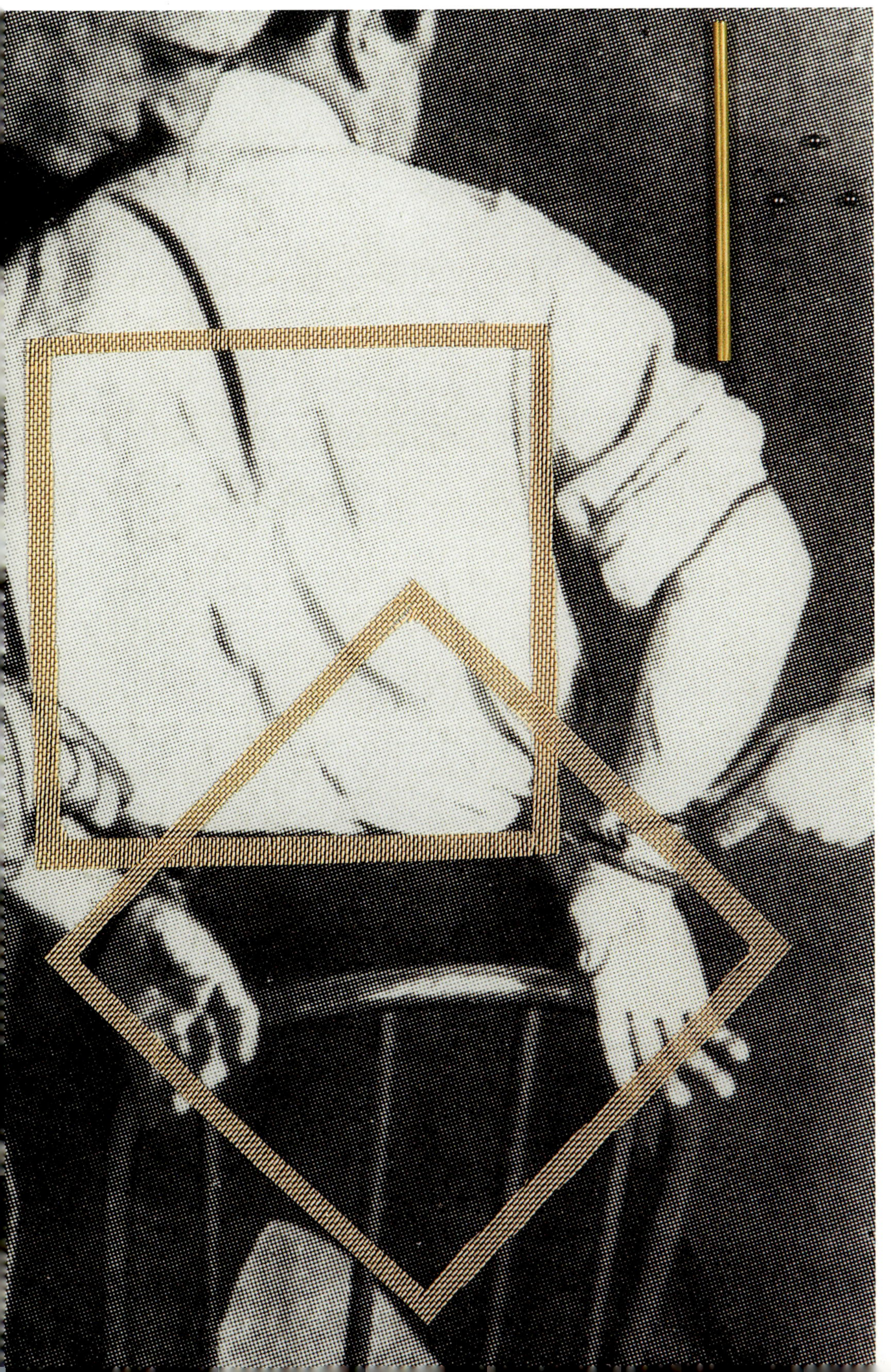

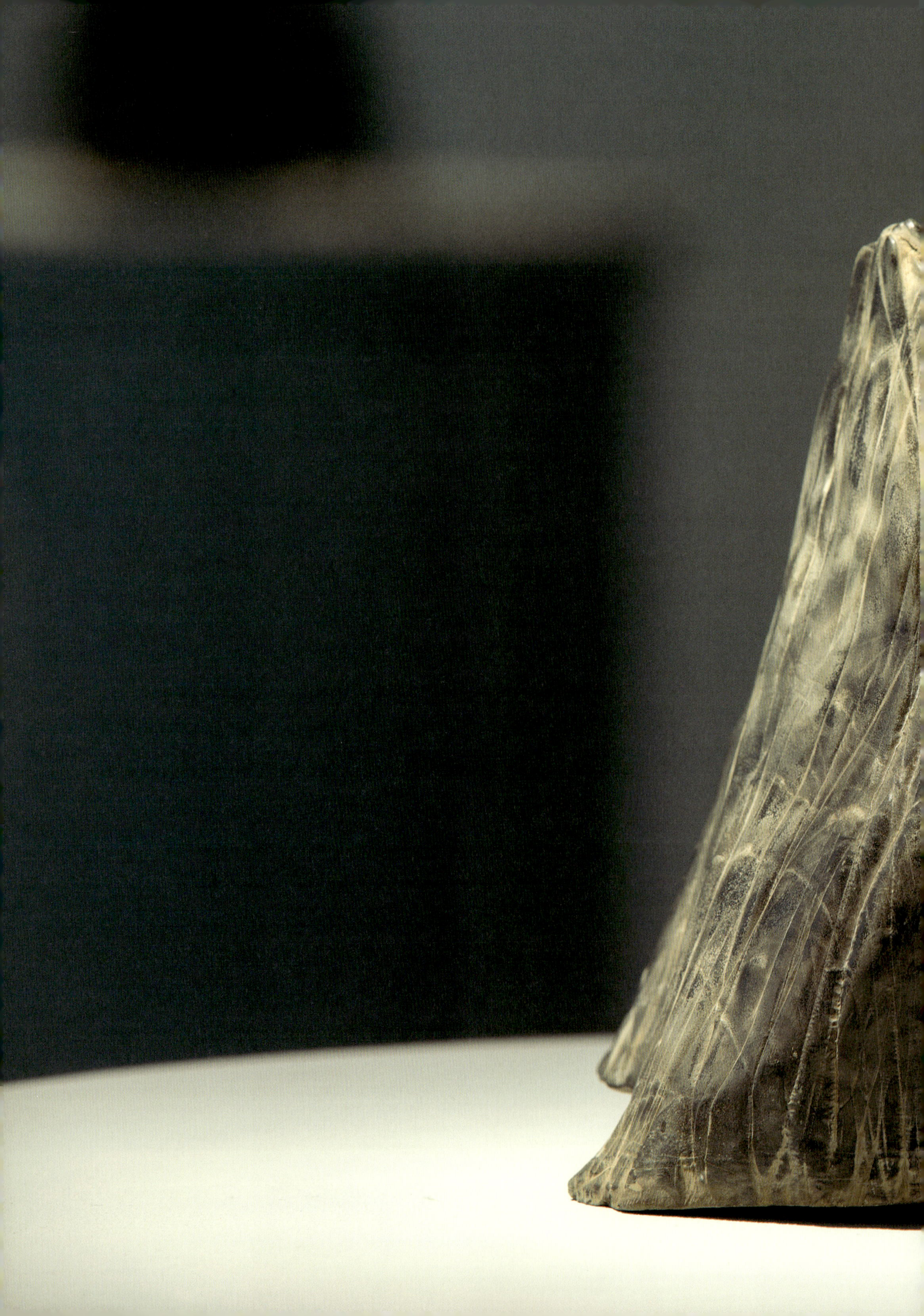

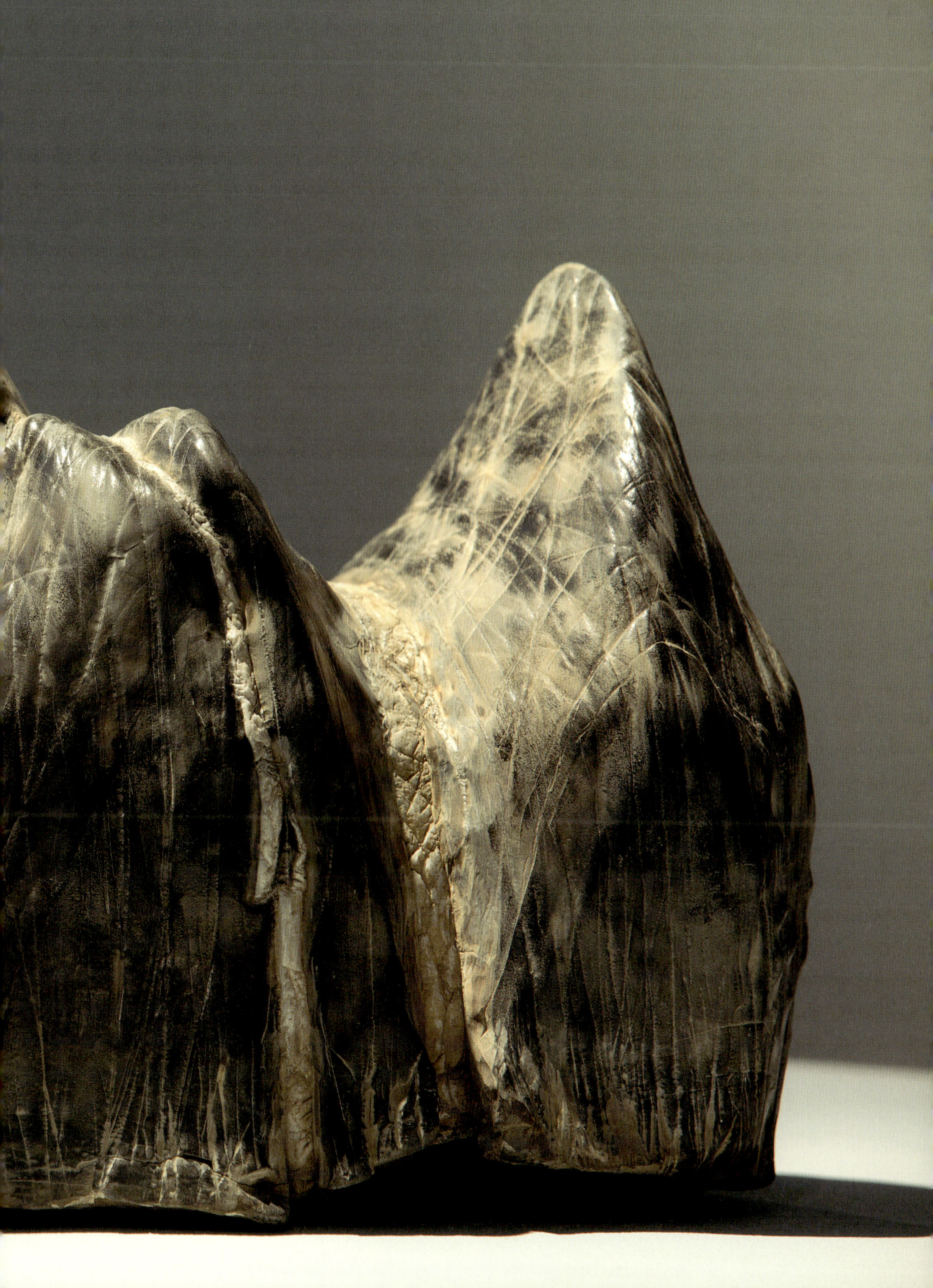

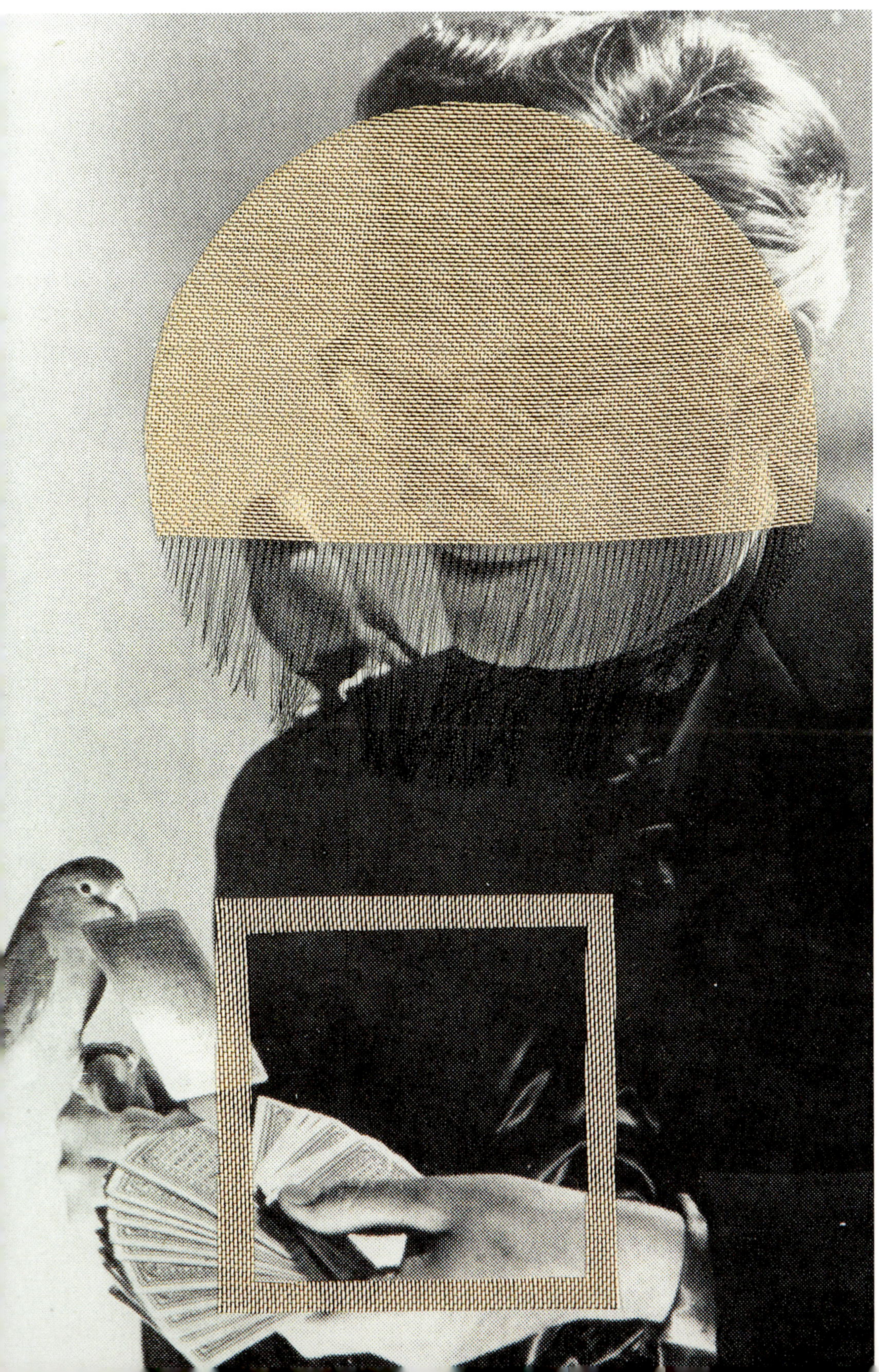

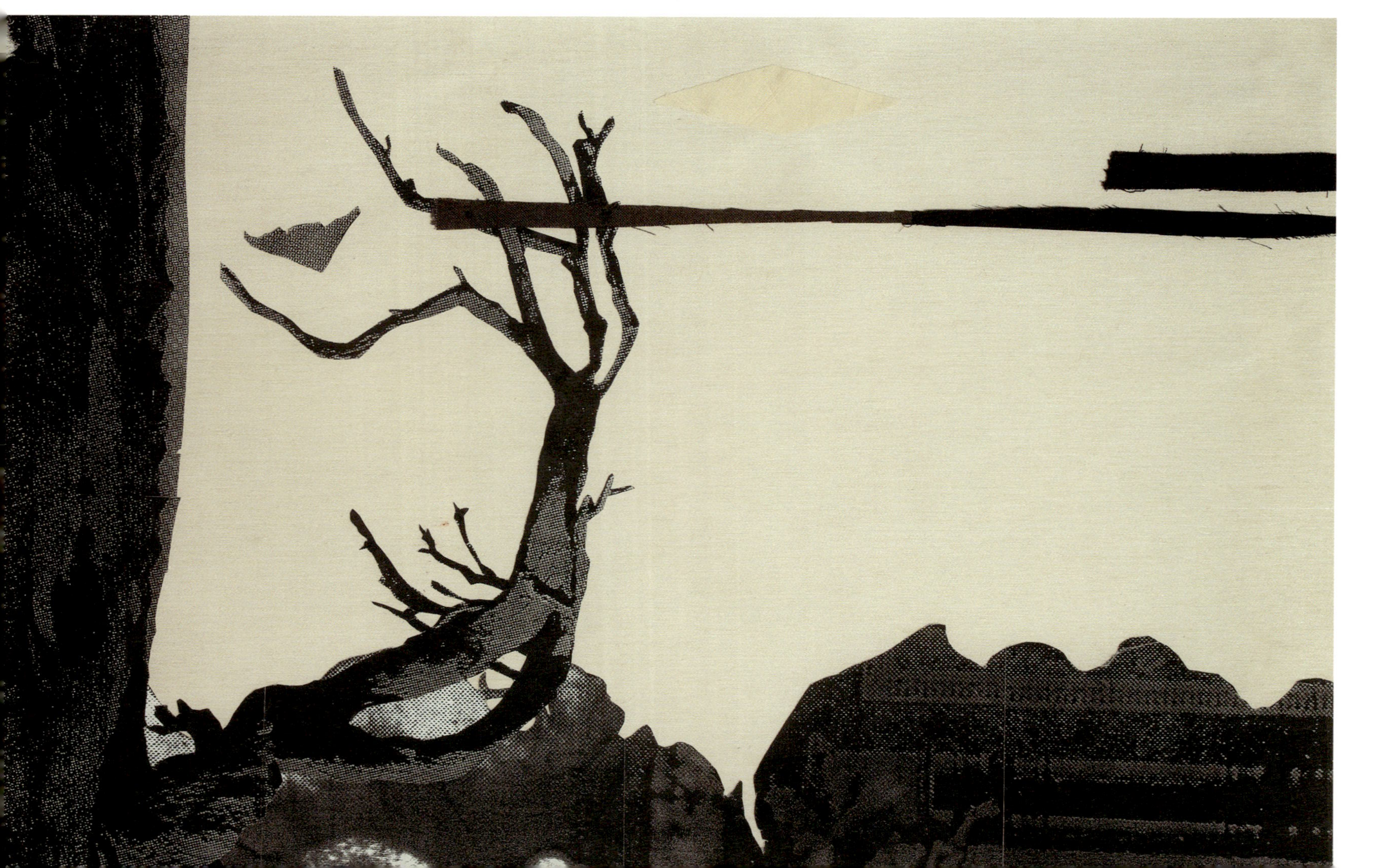

The future does not exist,
it has not arrived

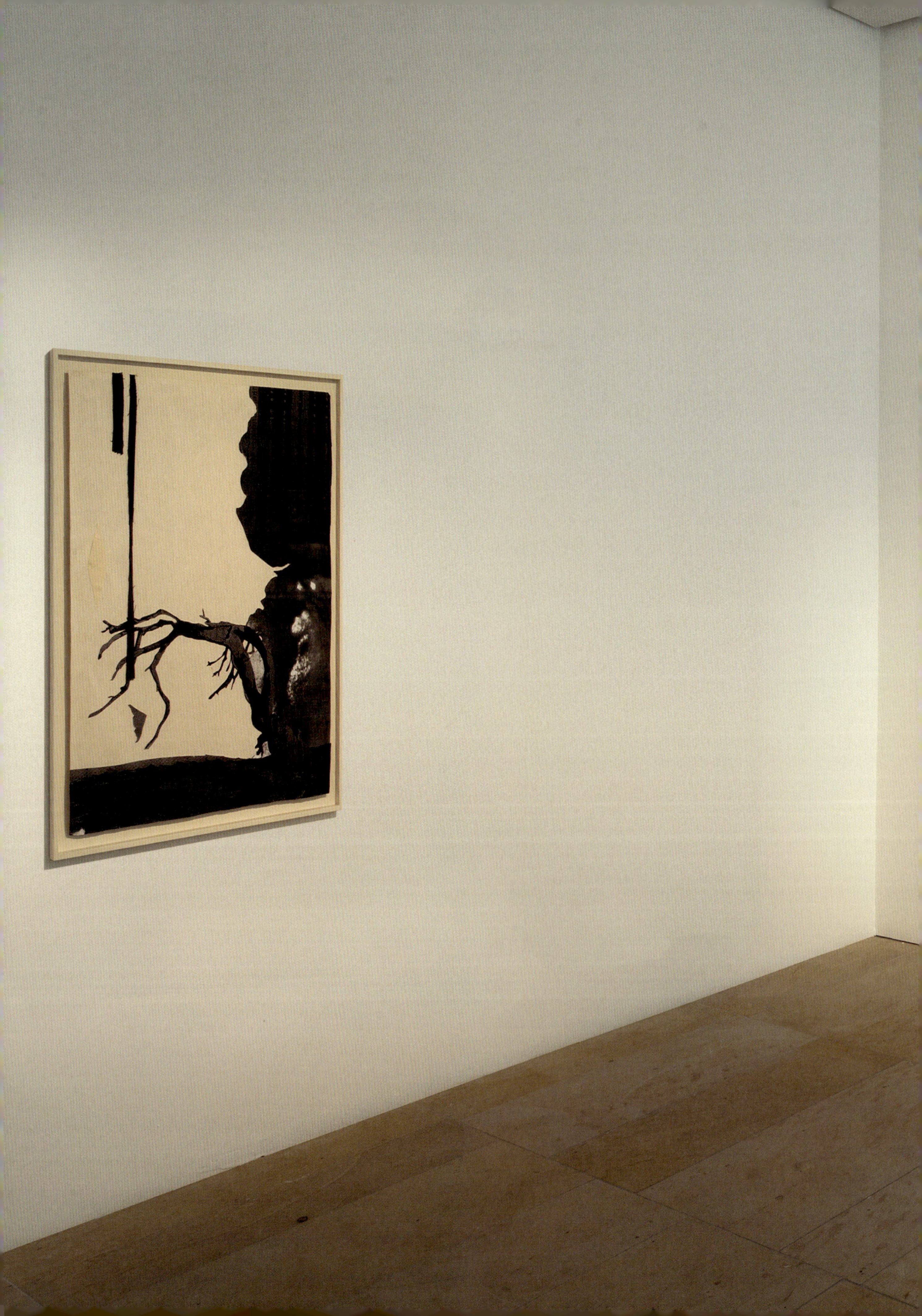

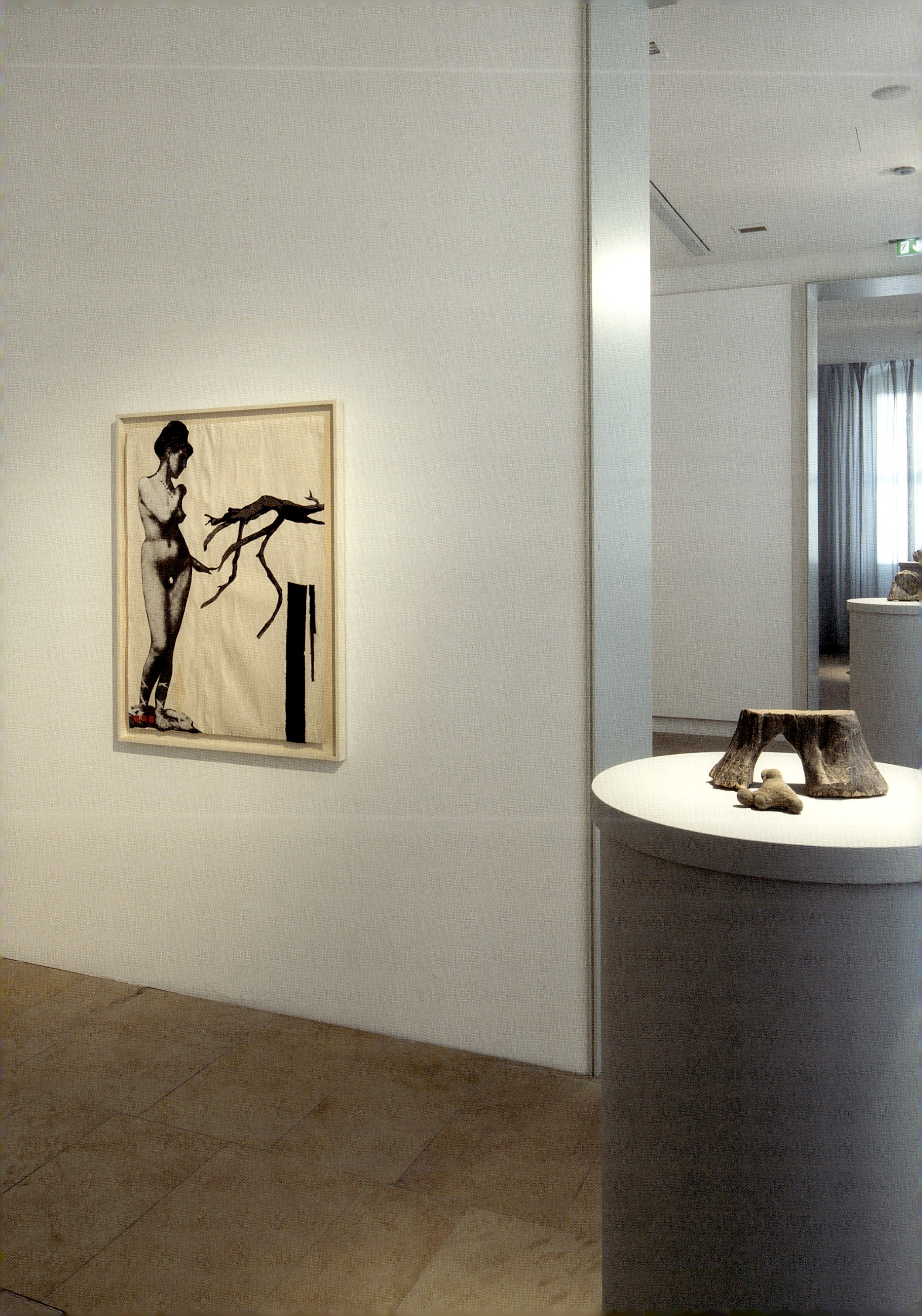

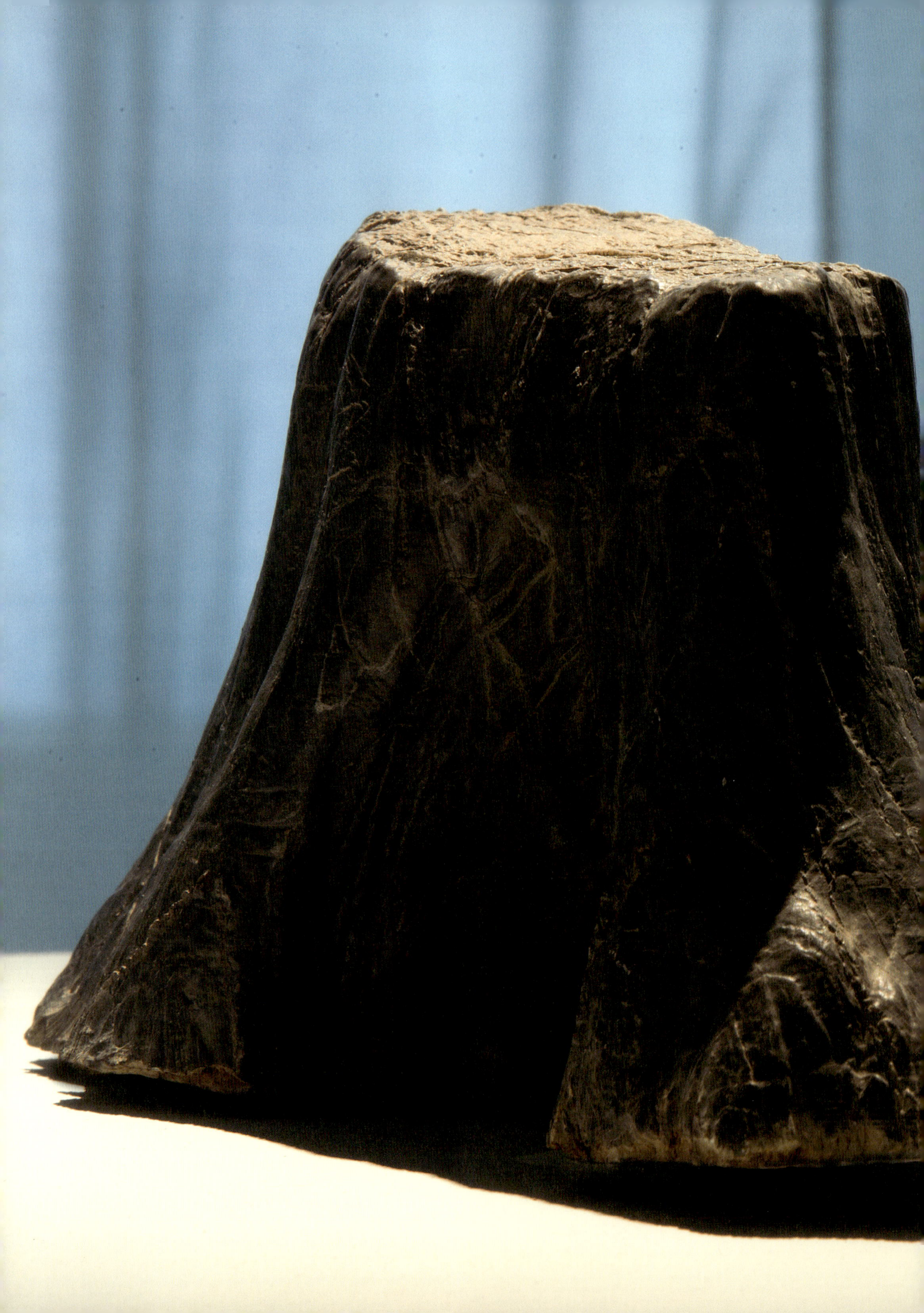

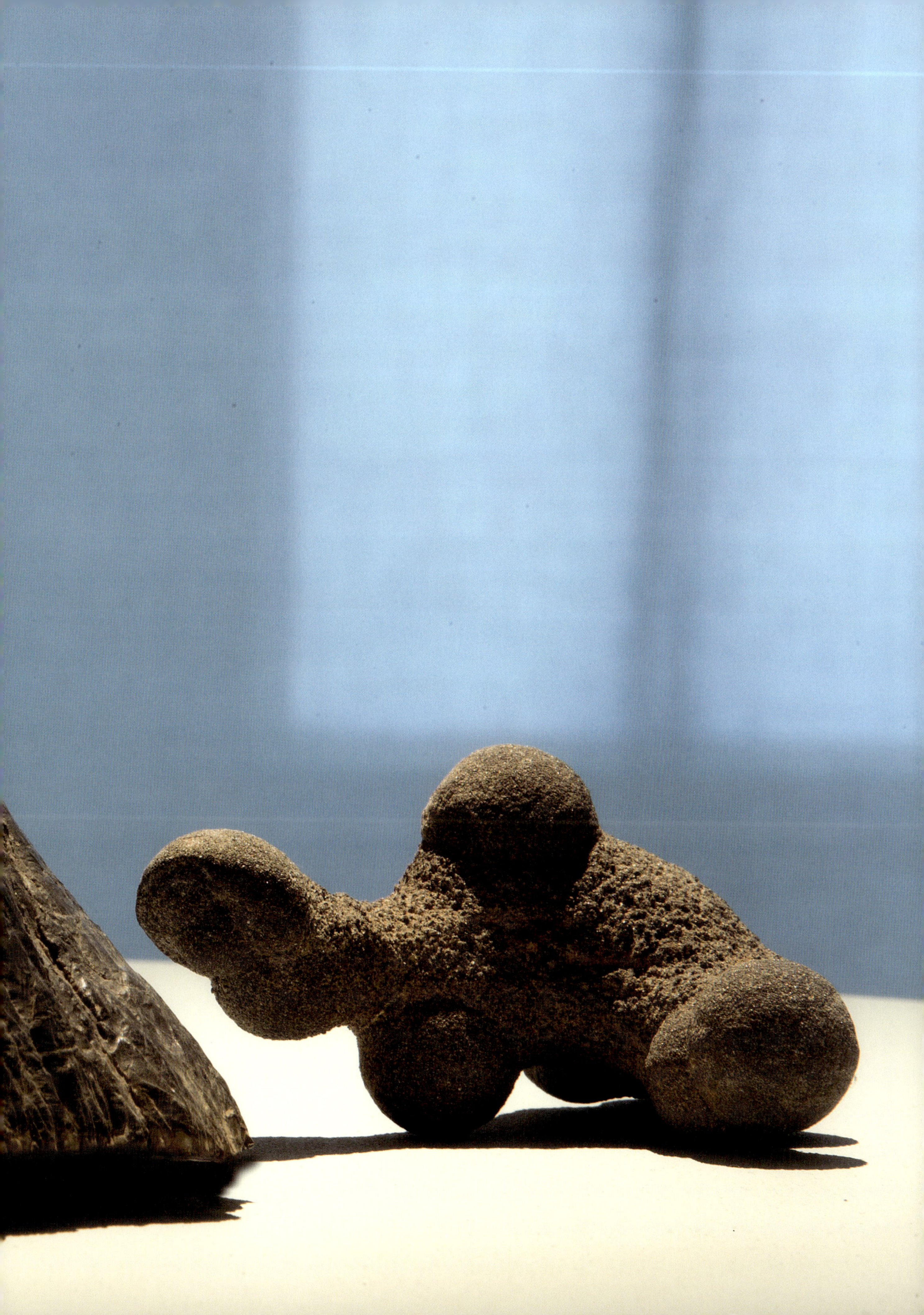

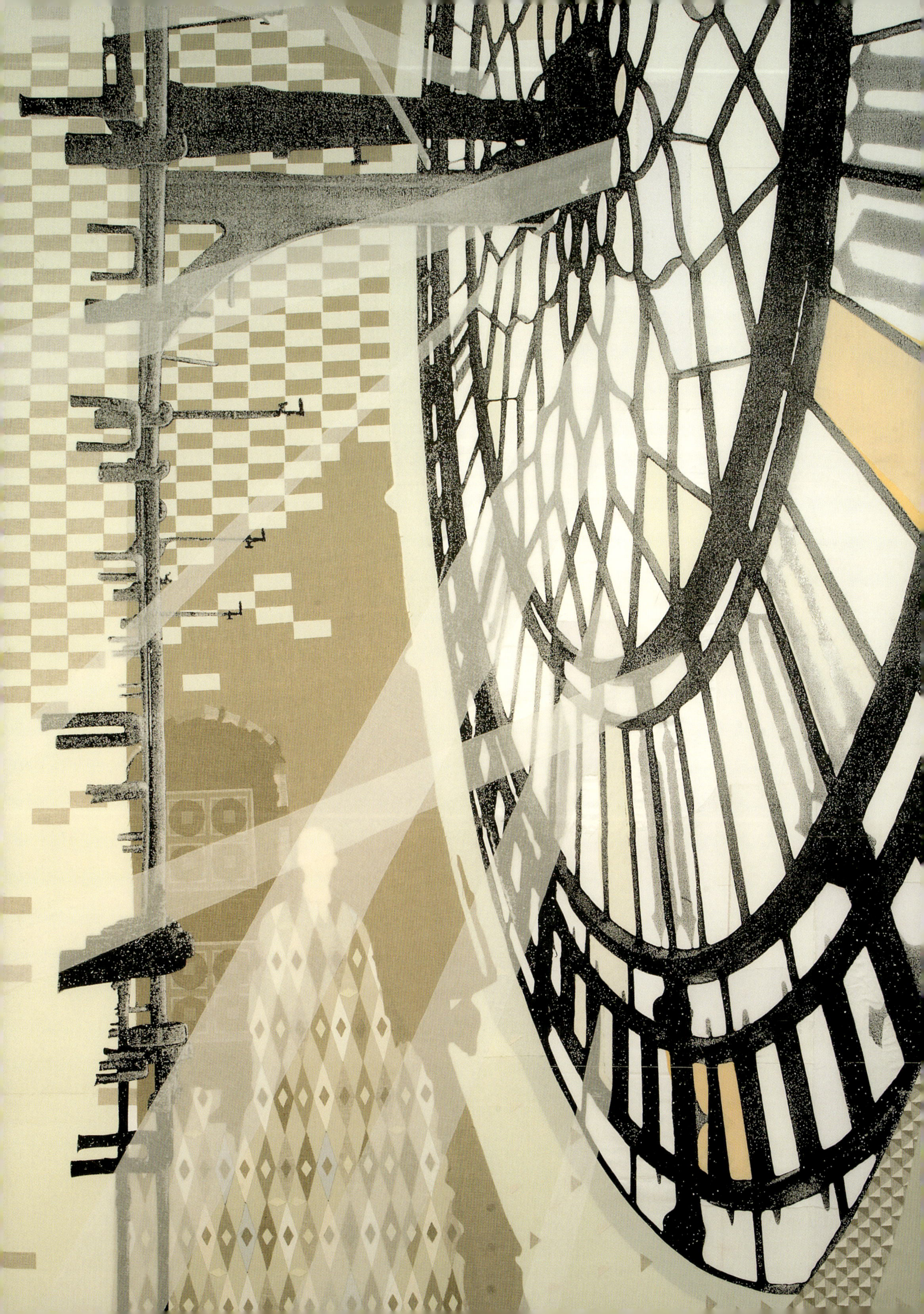

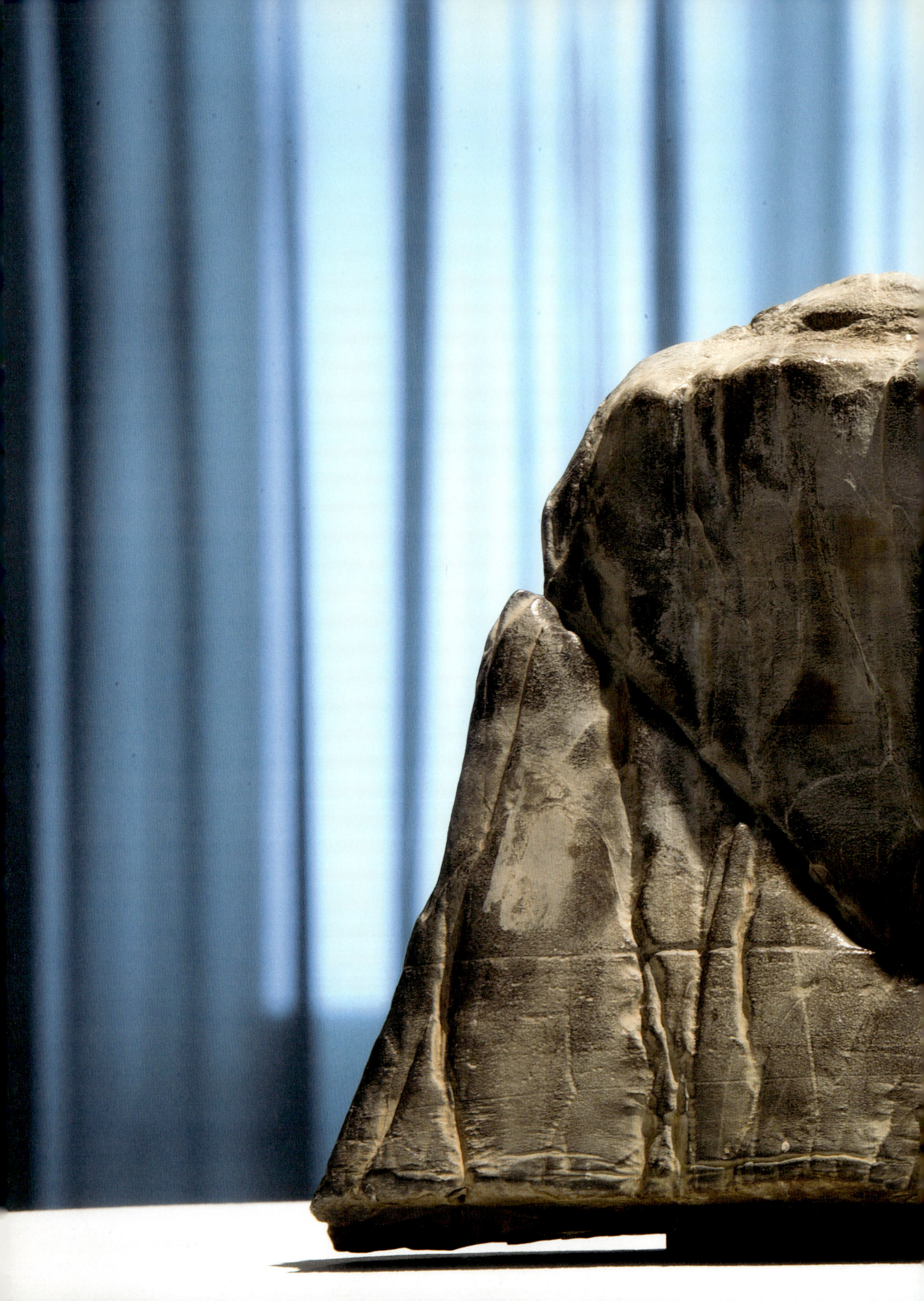

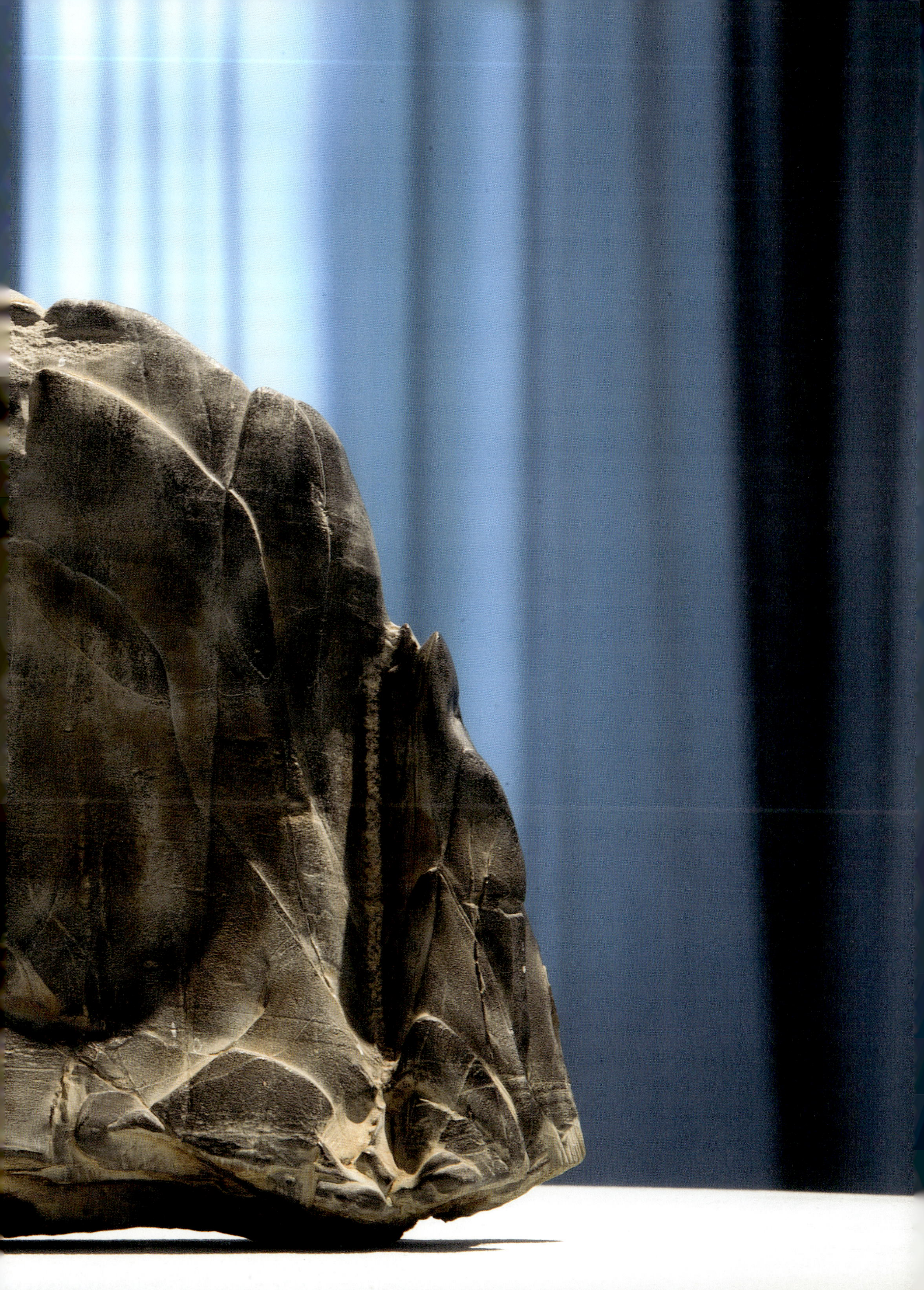

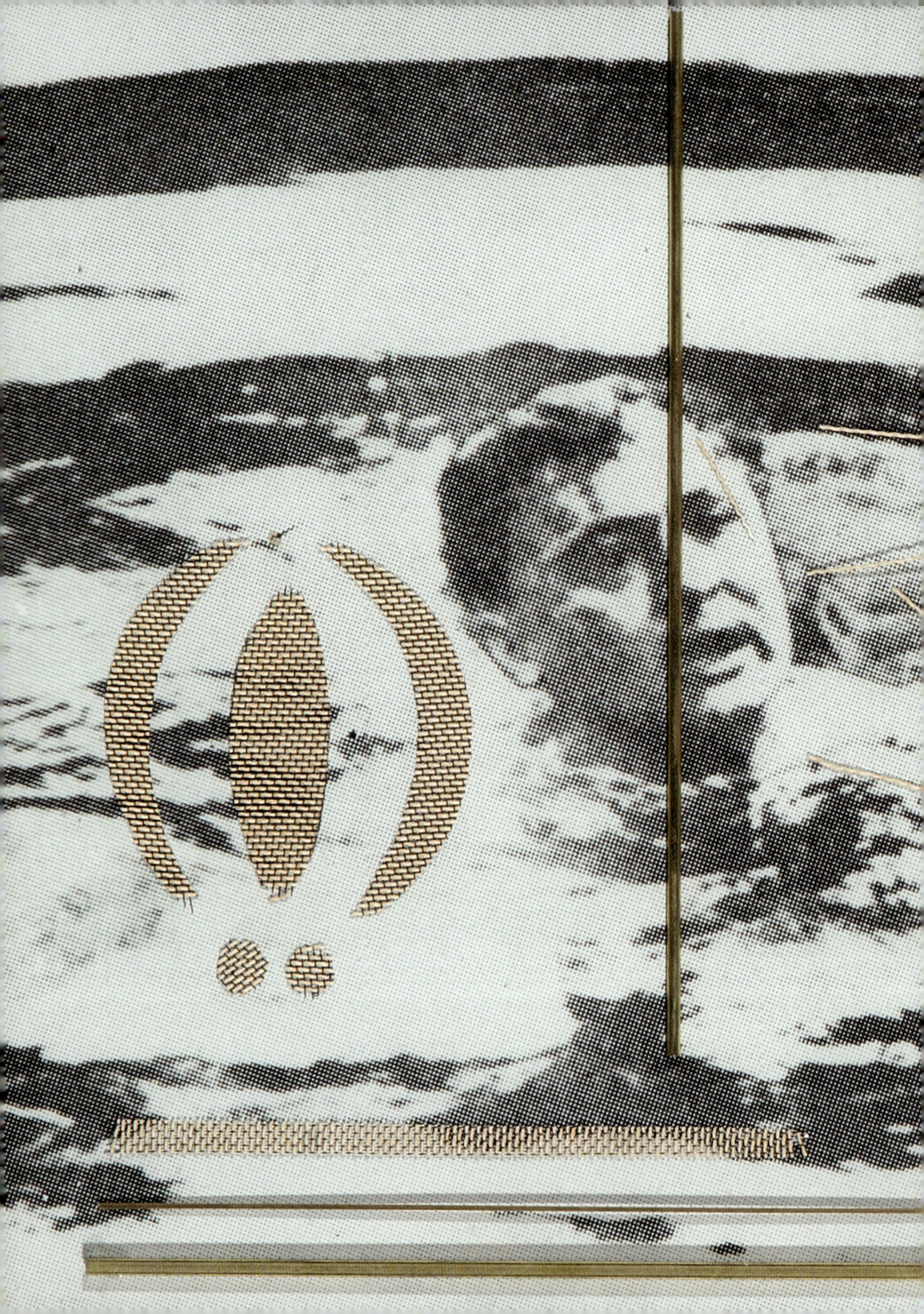

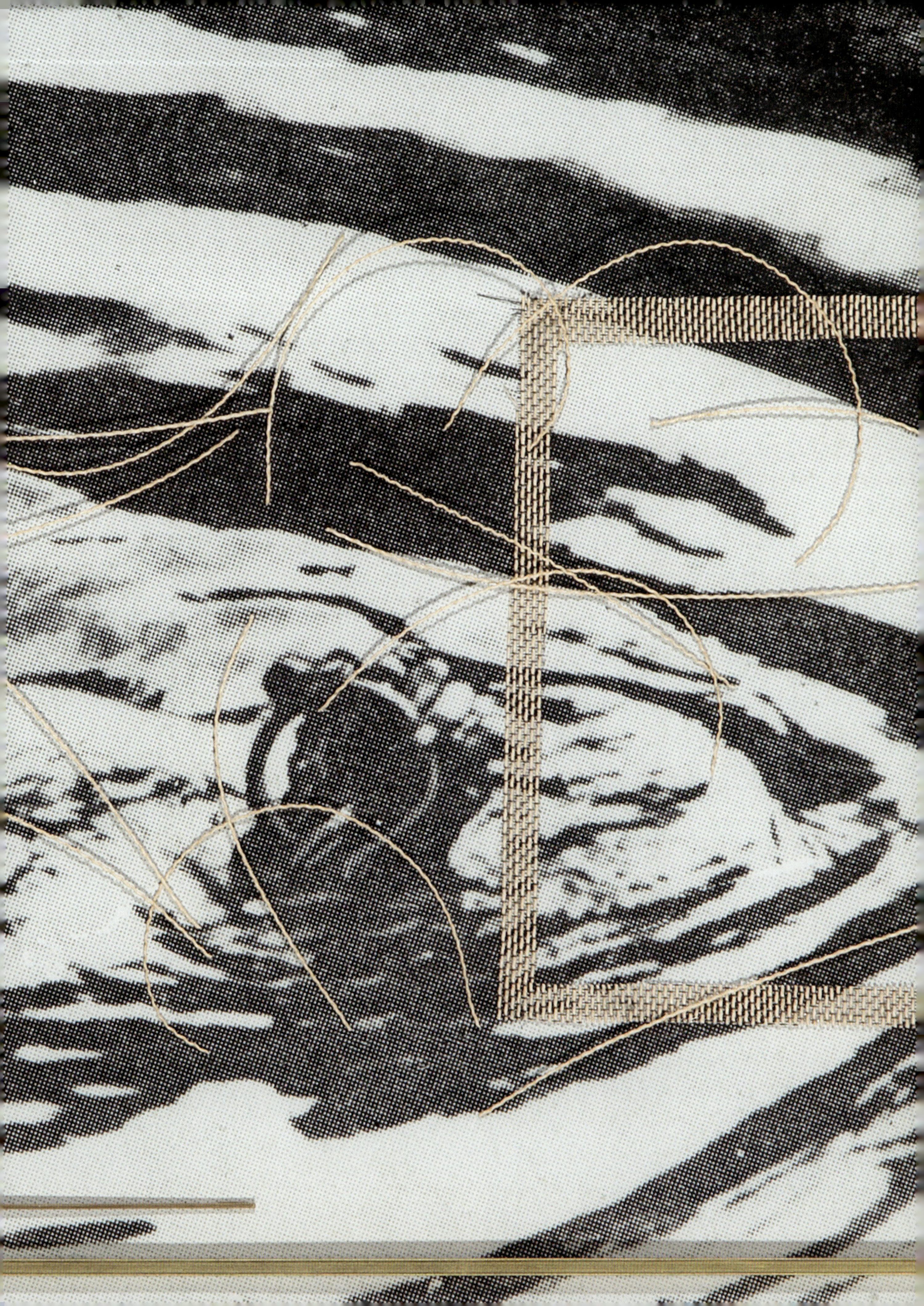

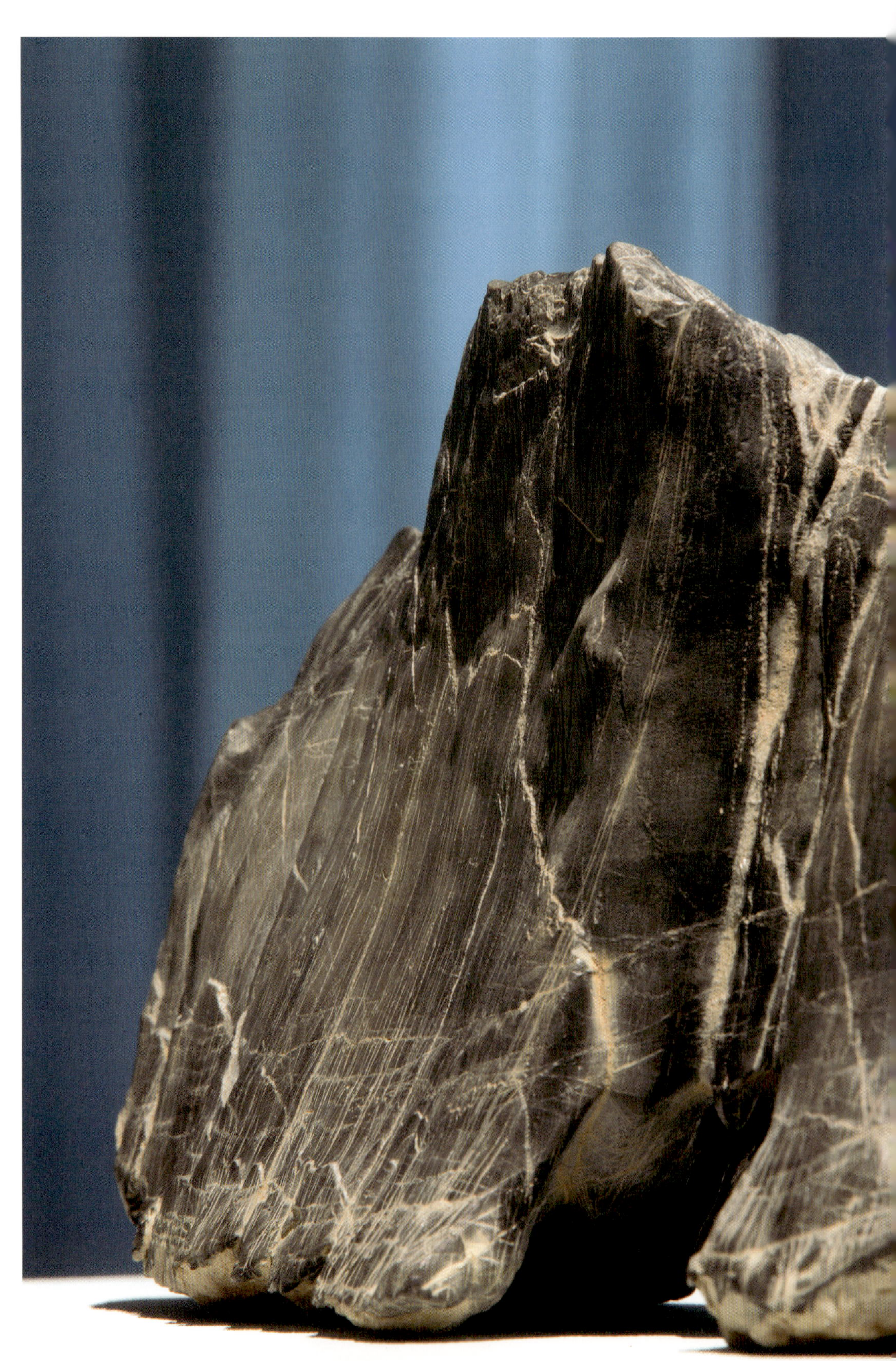

There where you are,
is where the entrance is found

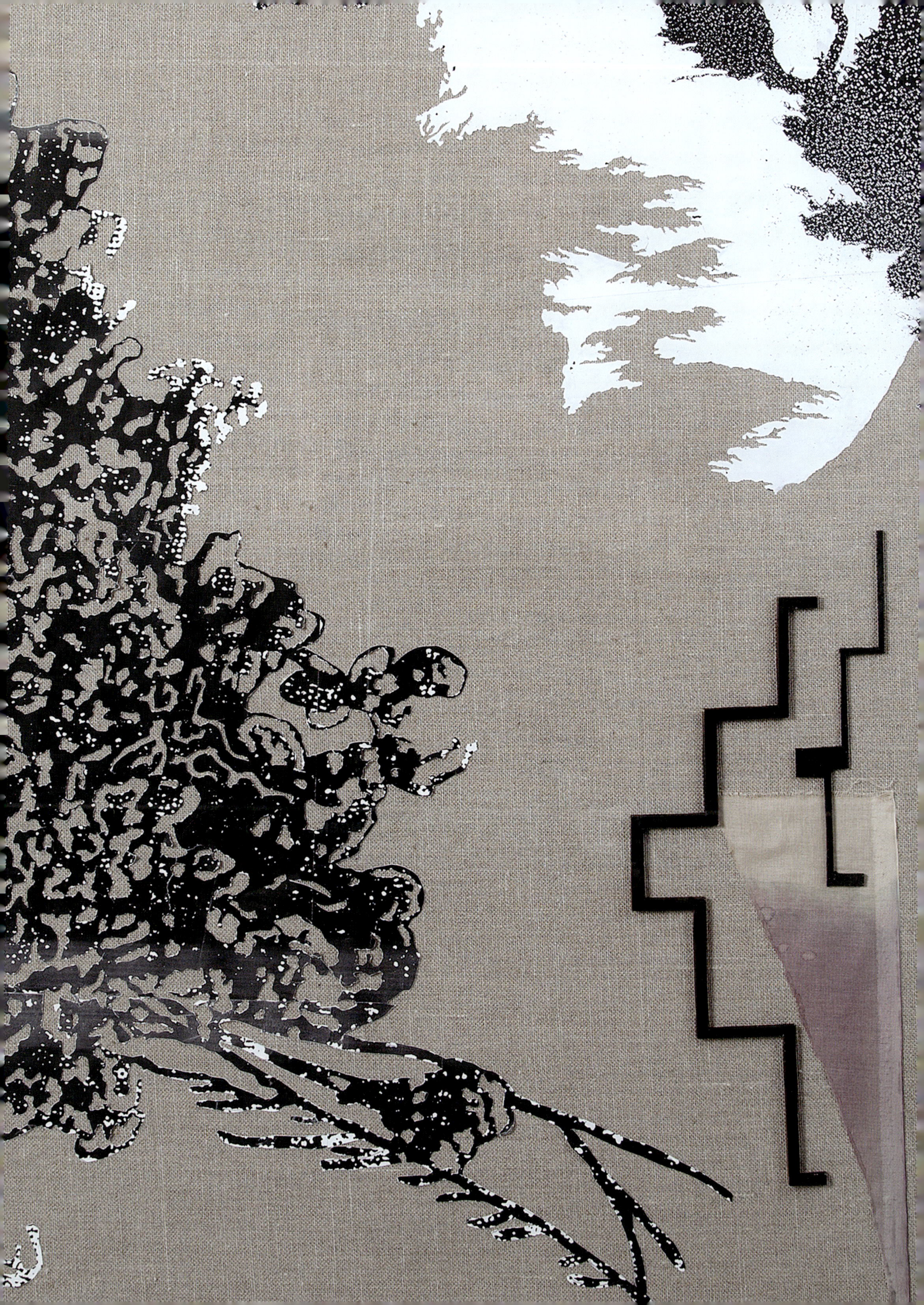

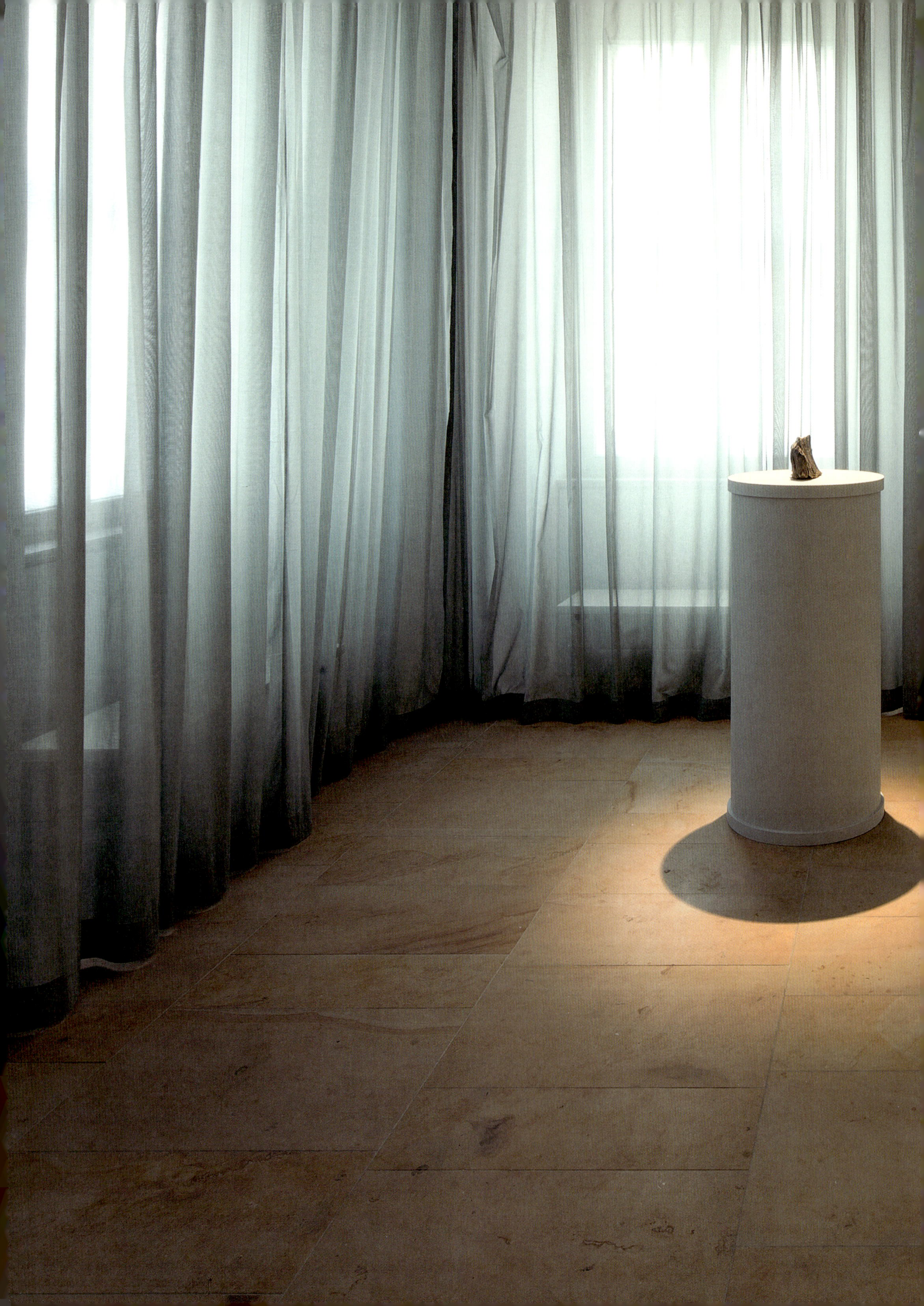

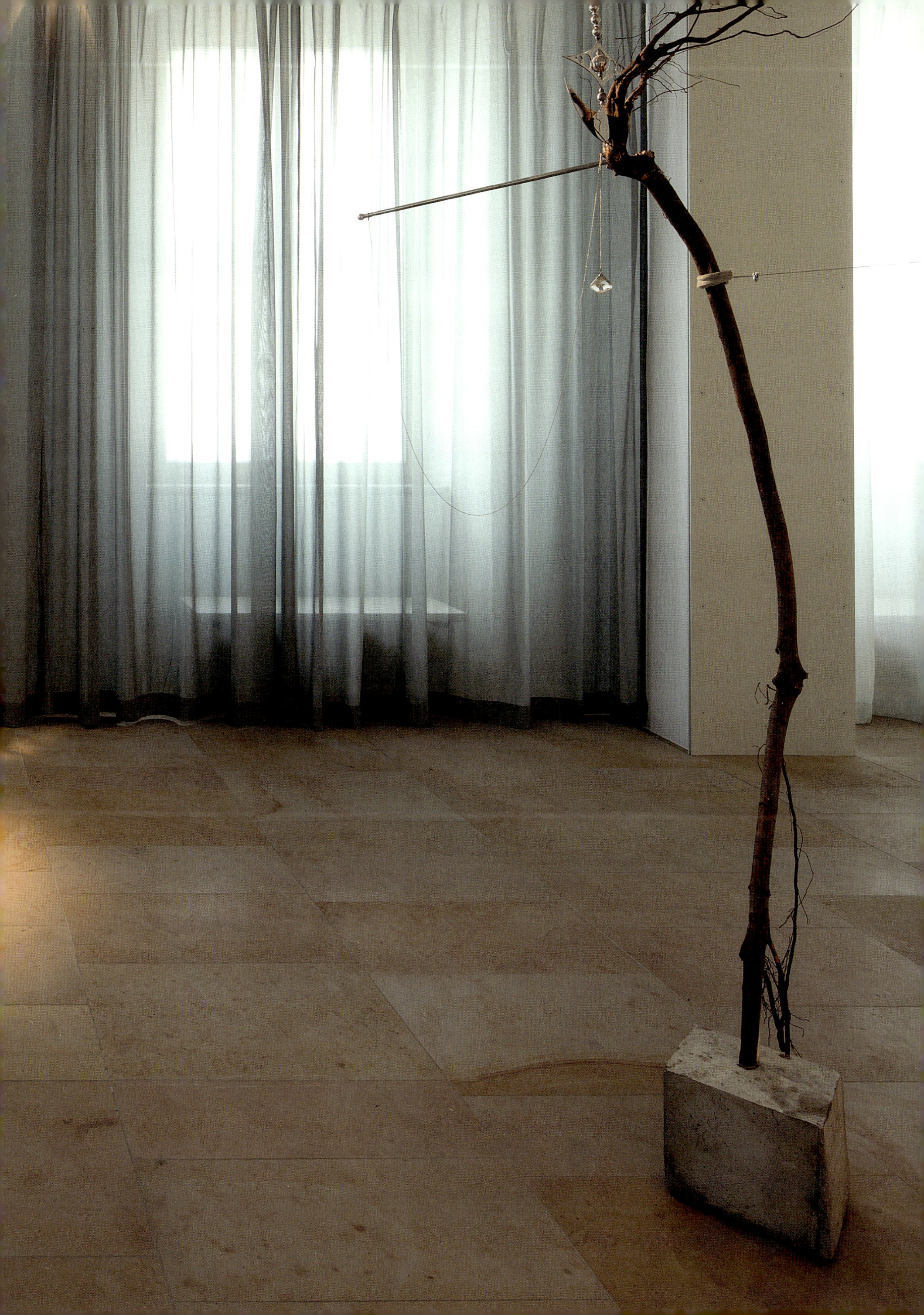

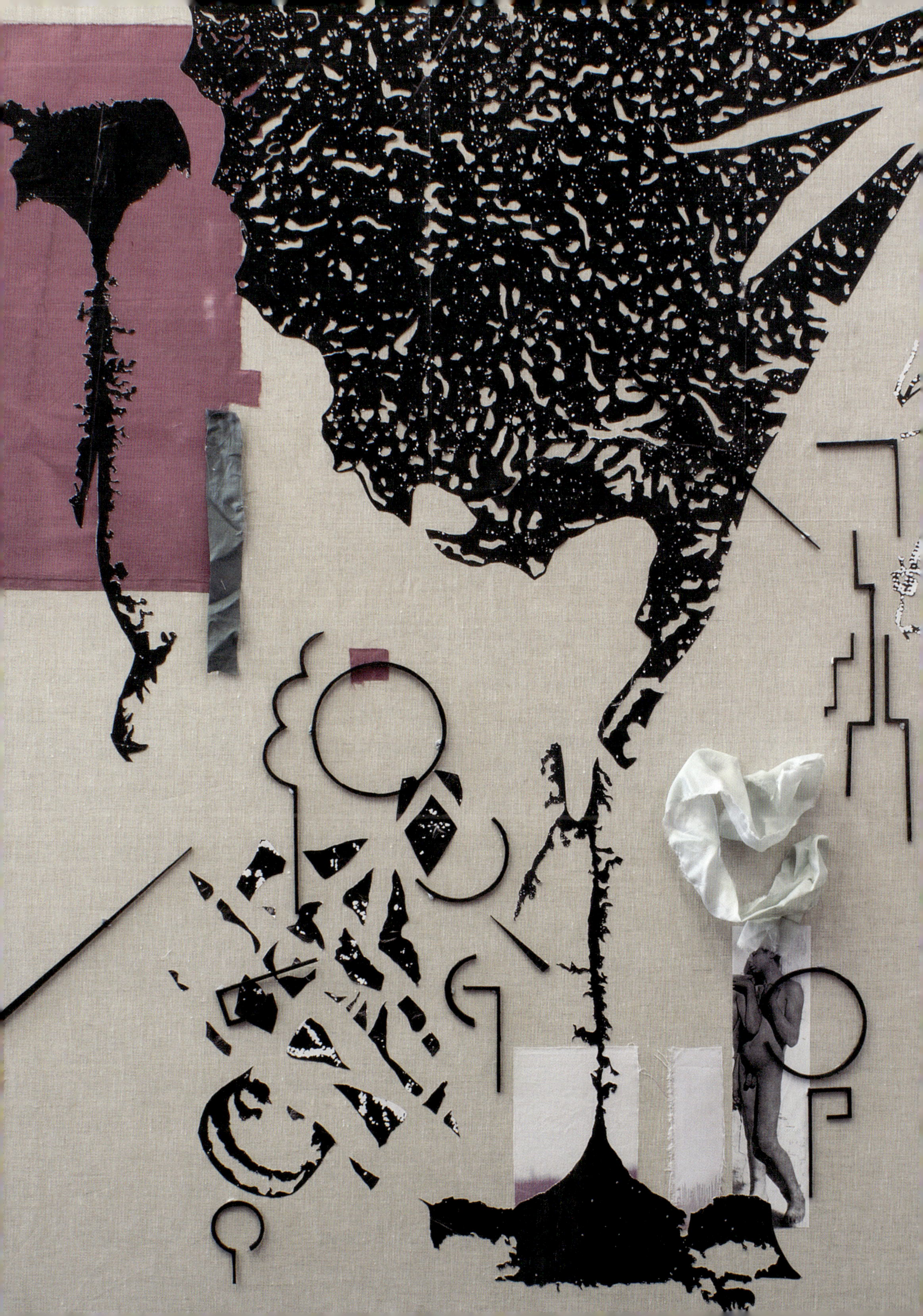

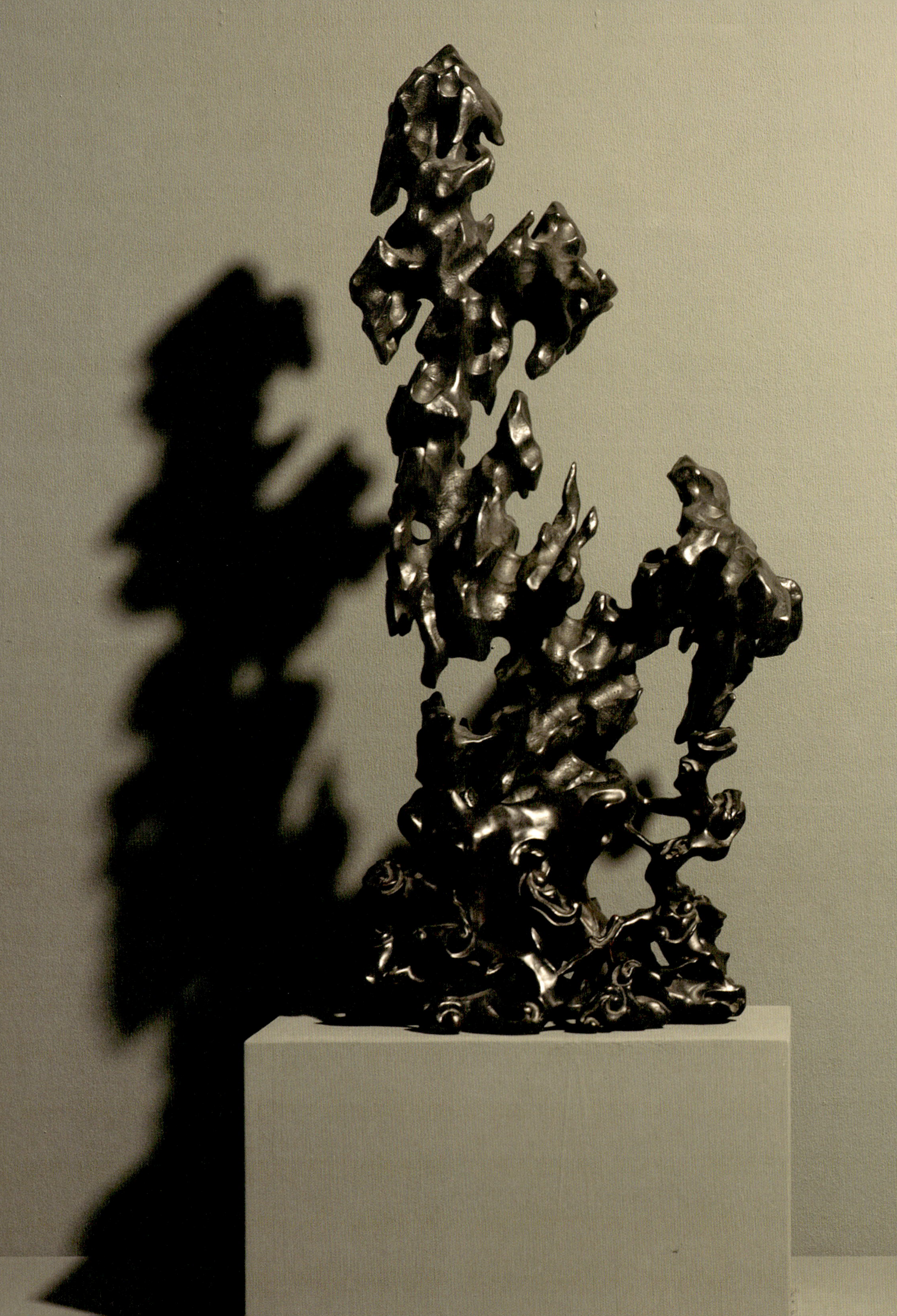

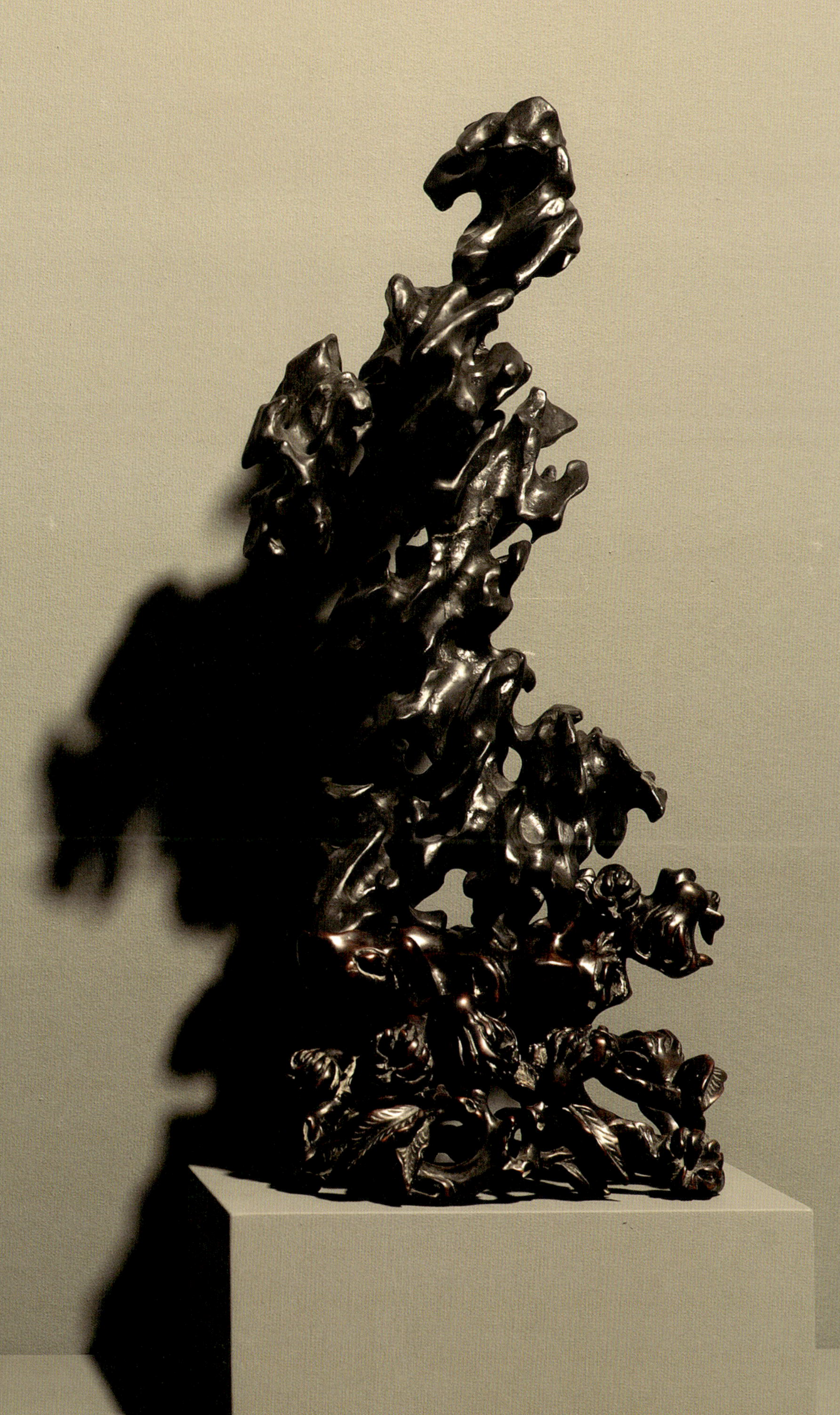

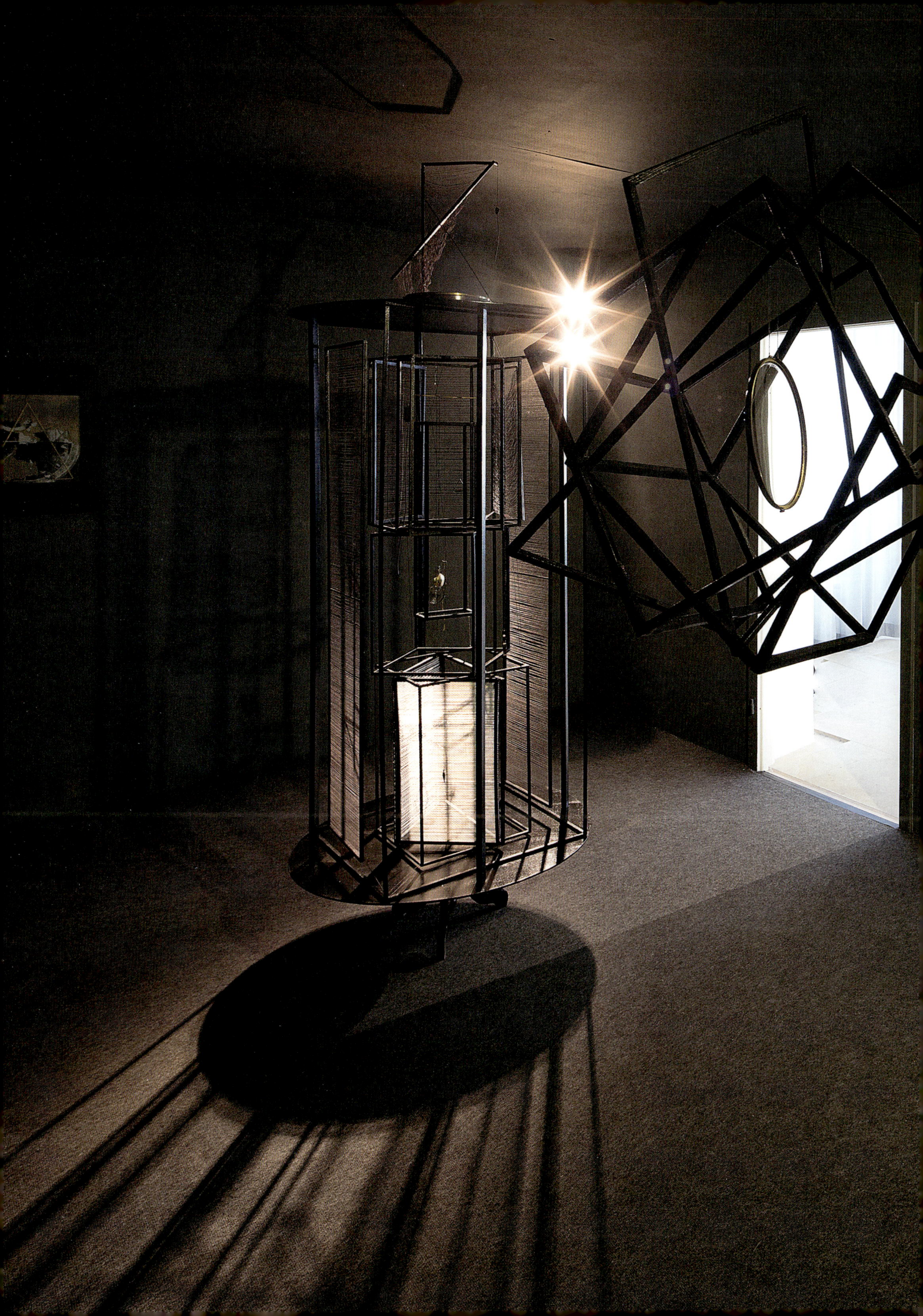

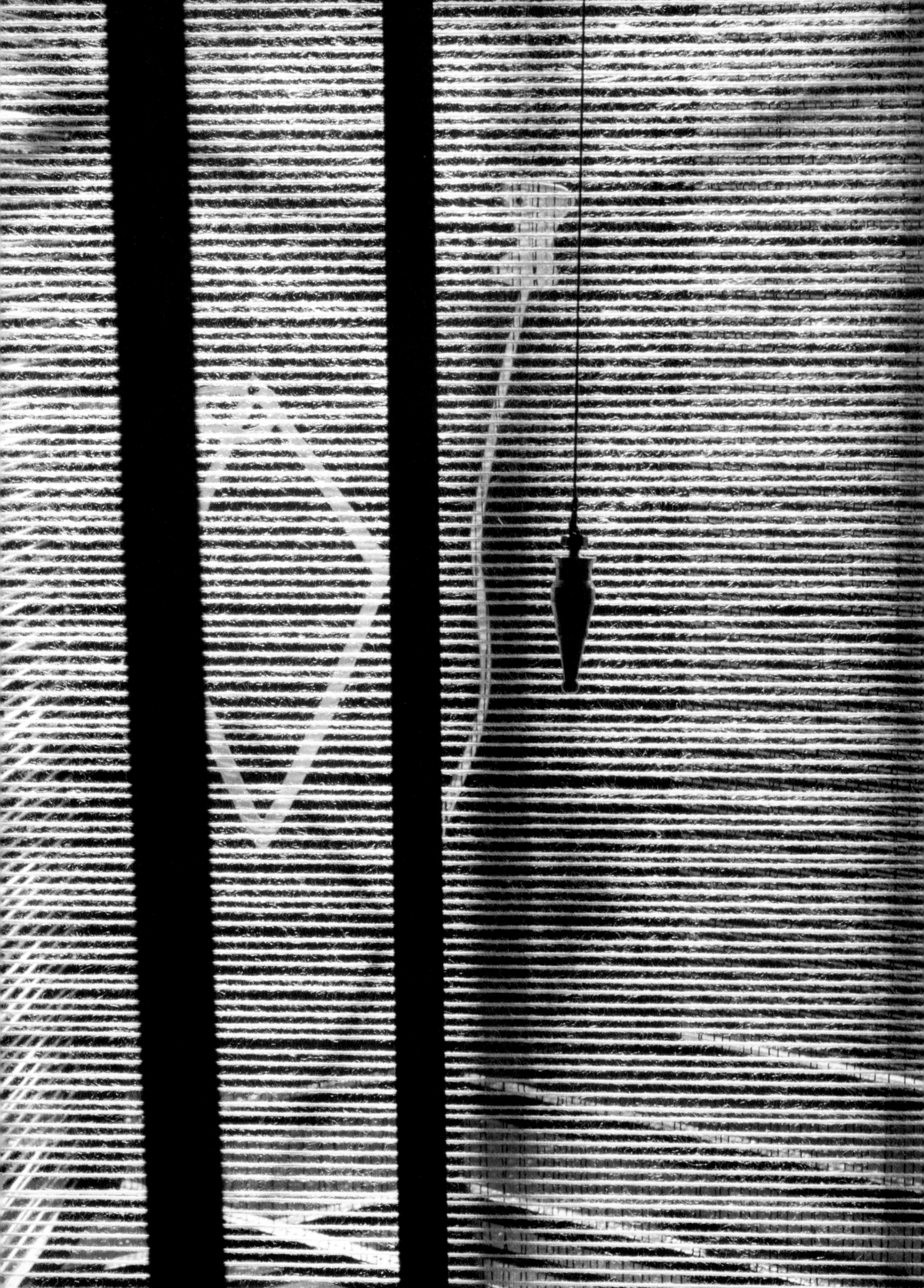

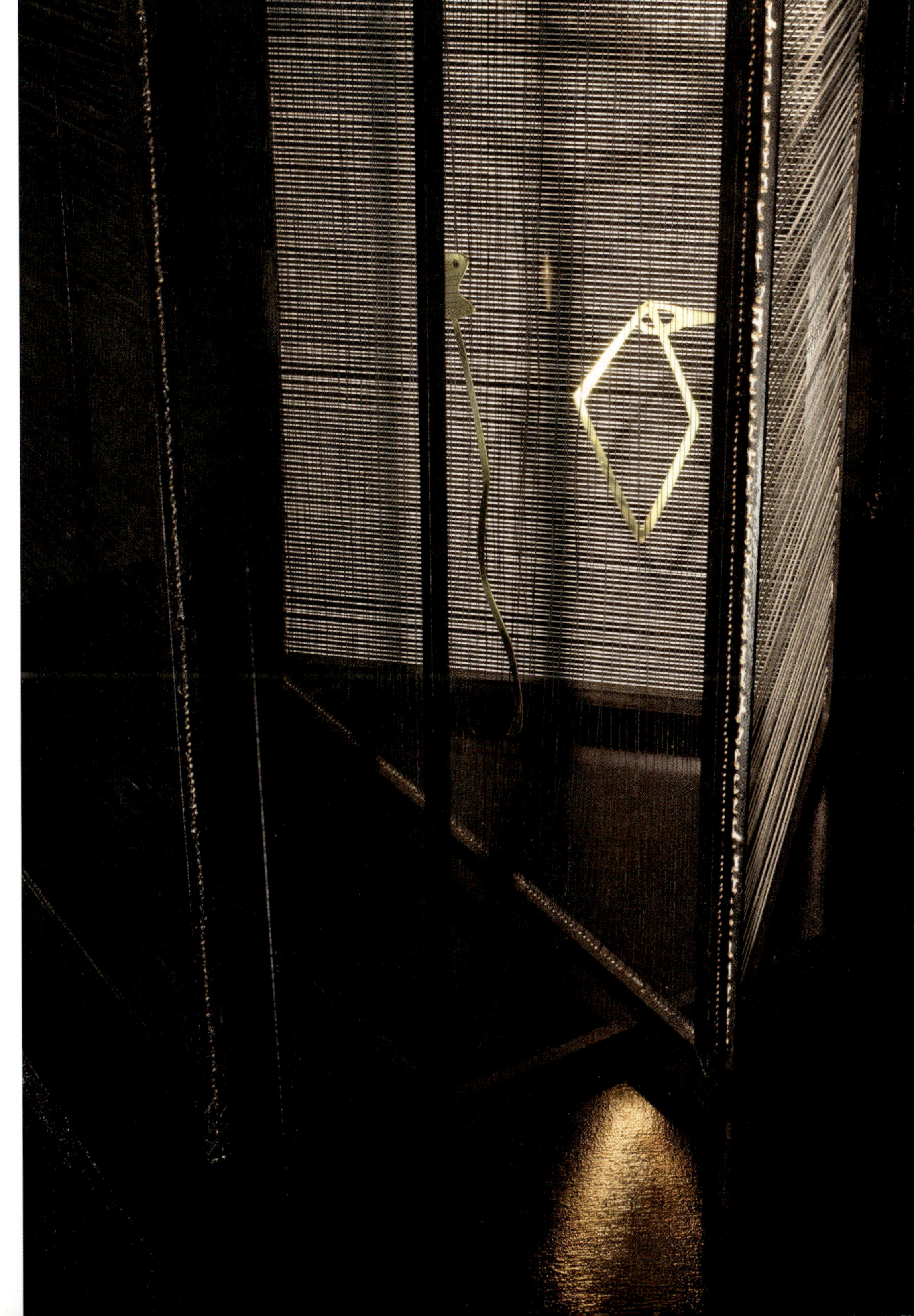

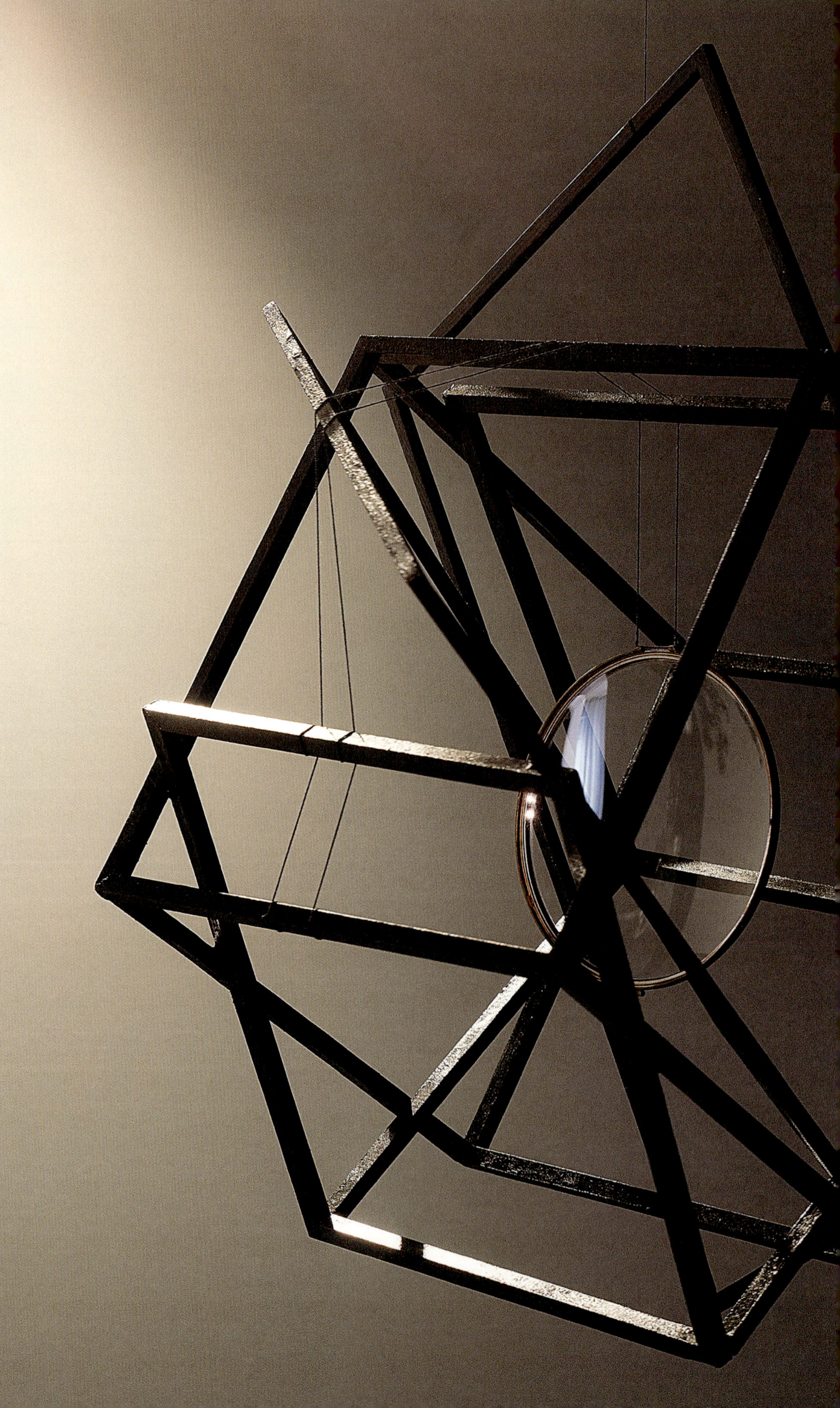

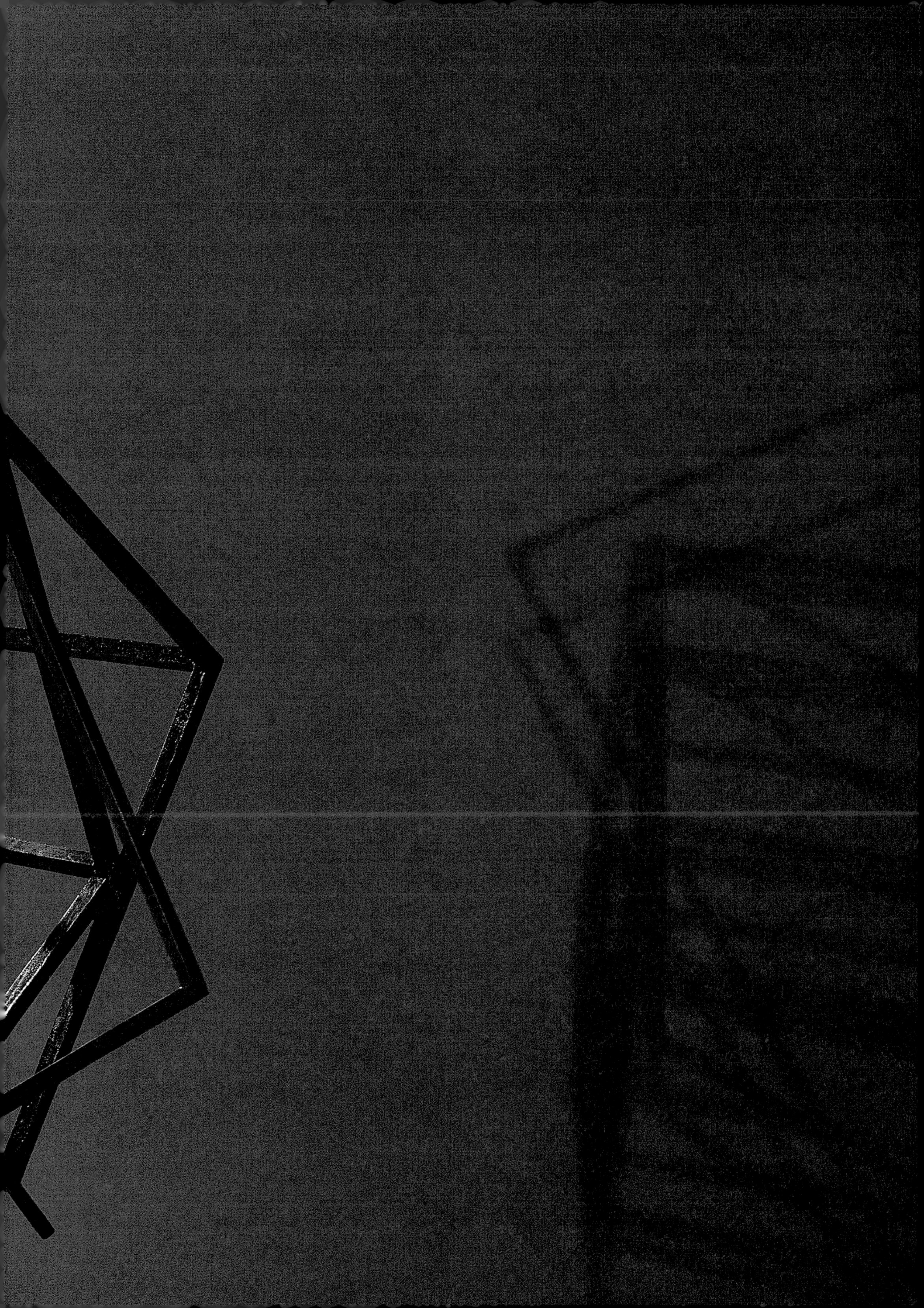

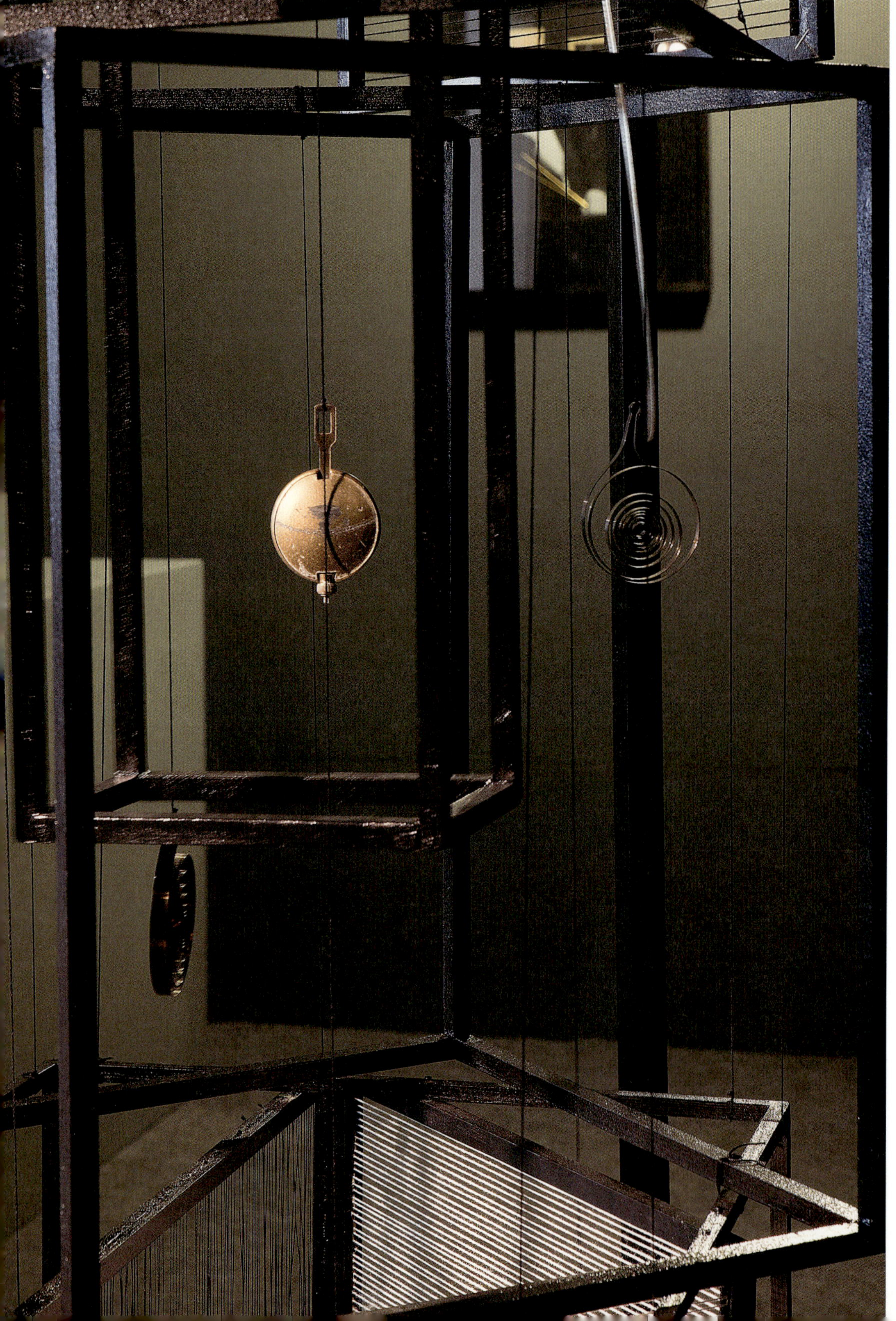

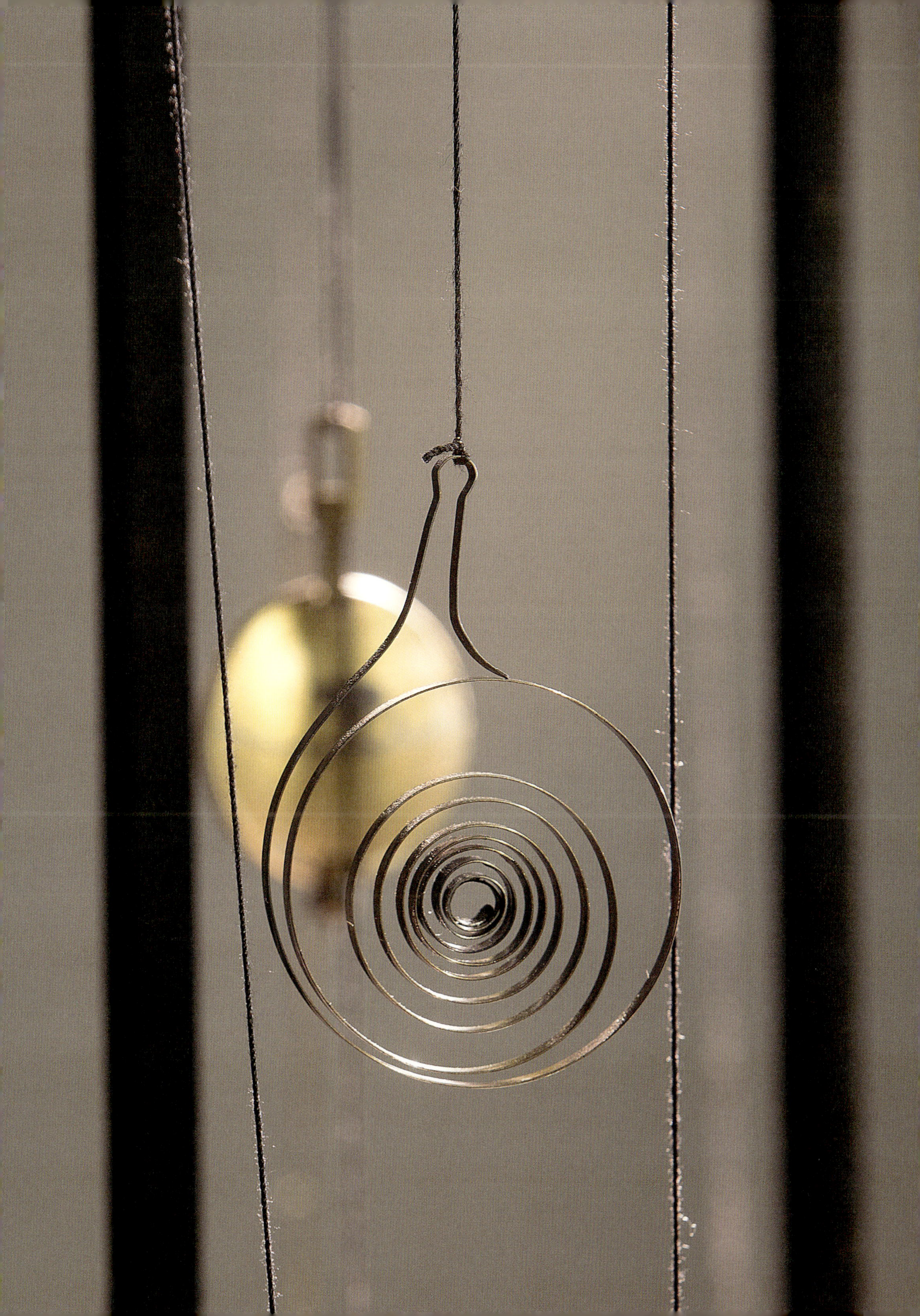

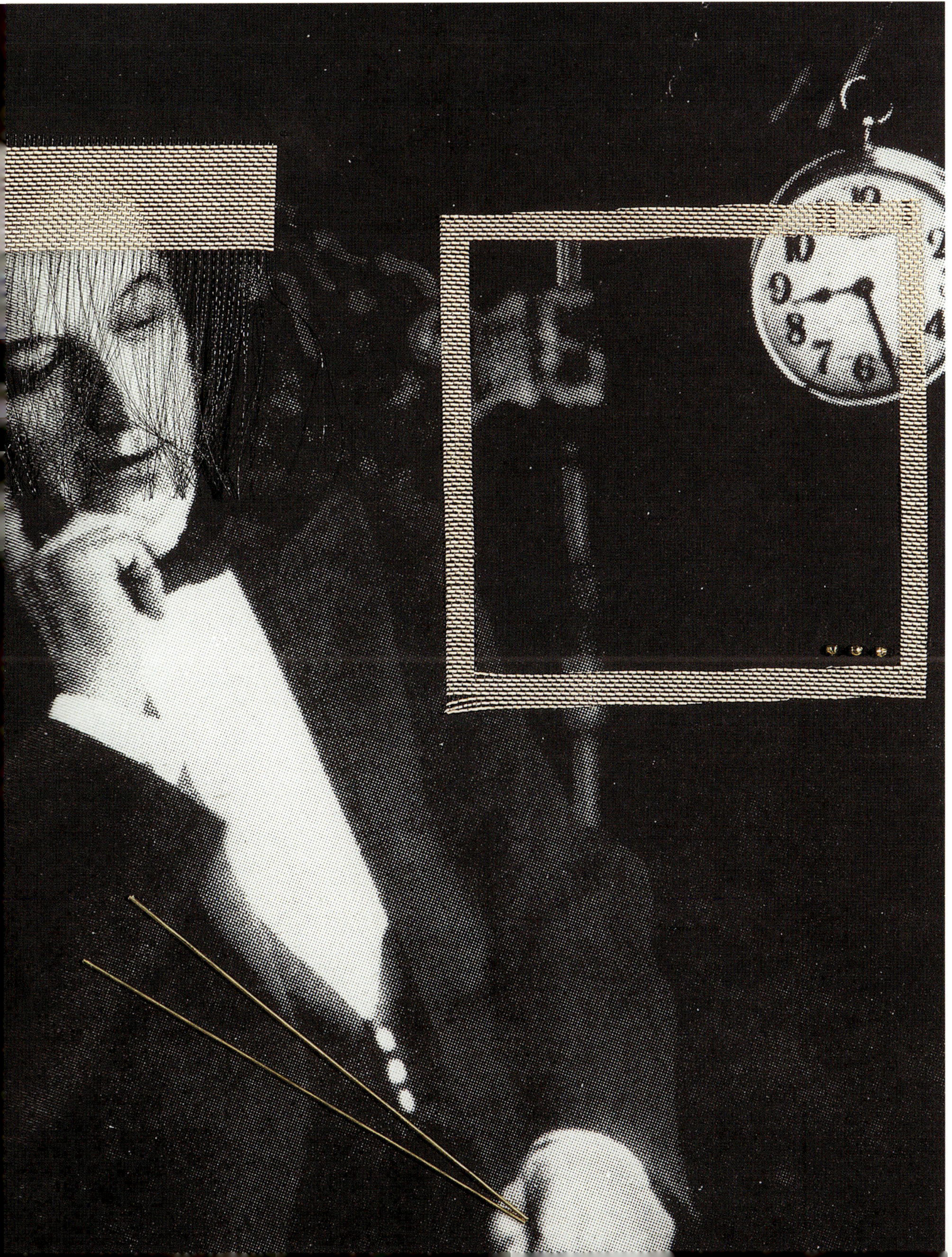

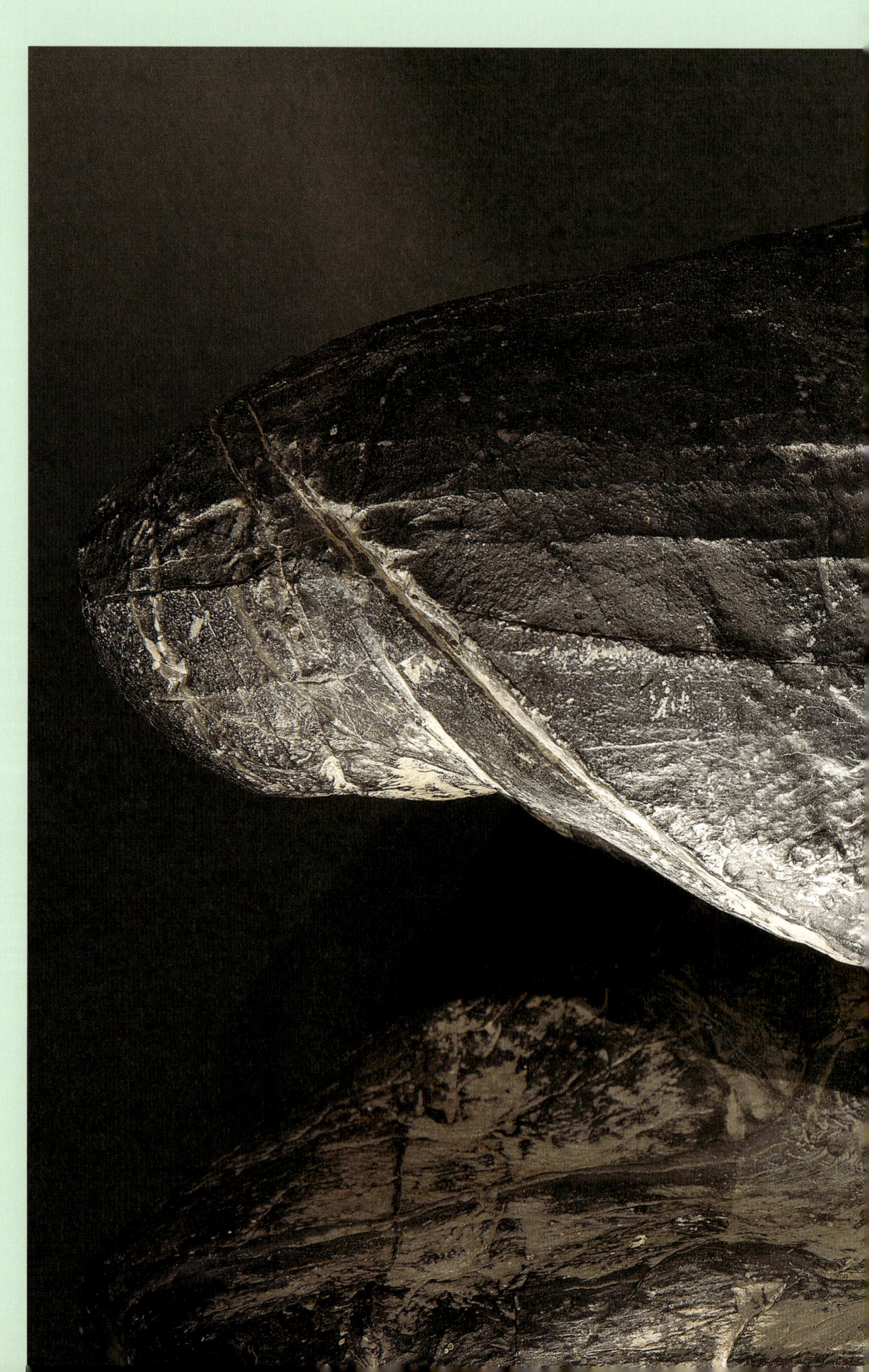

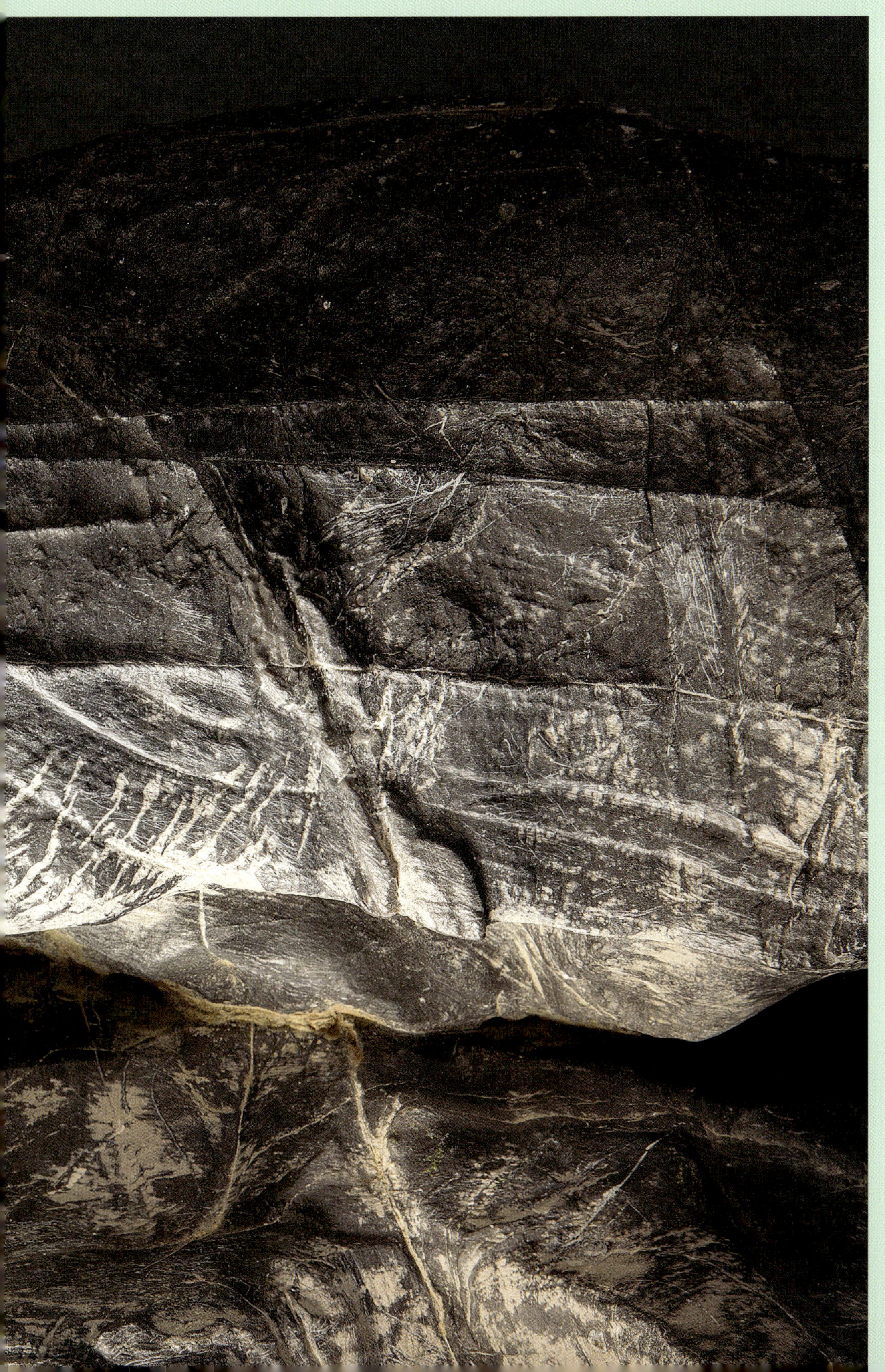

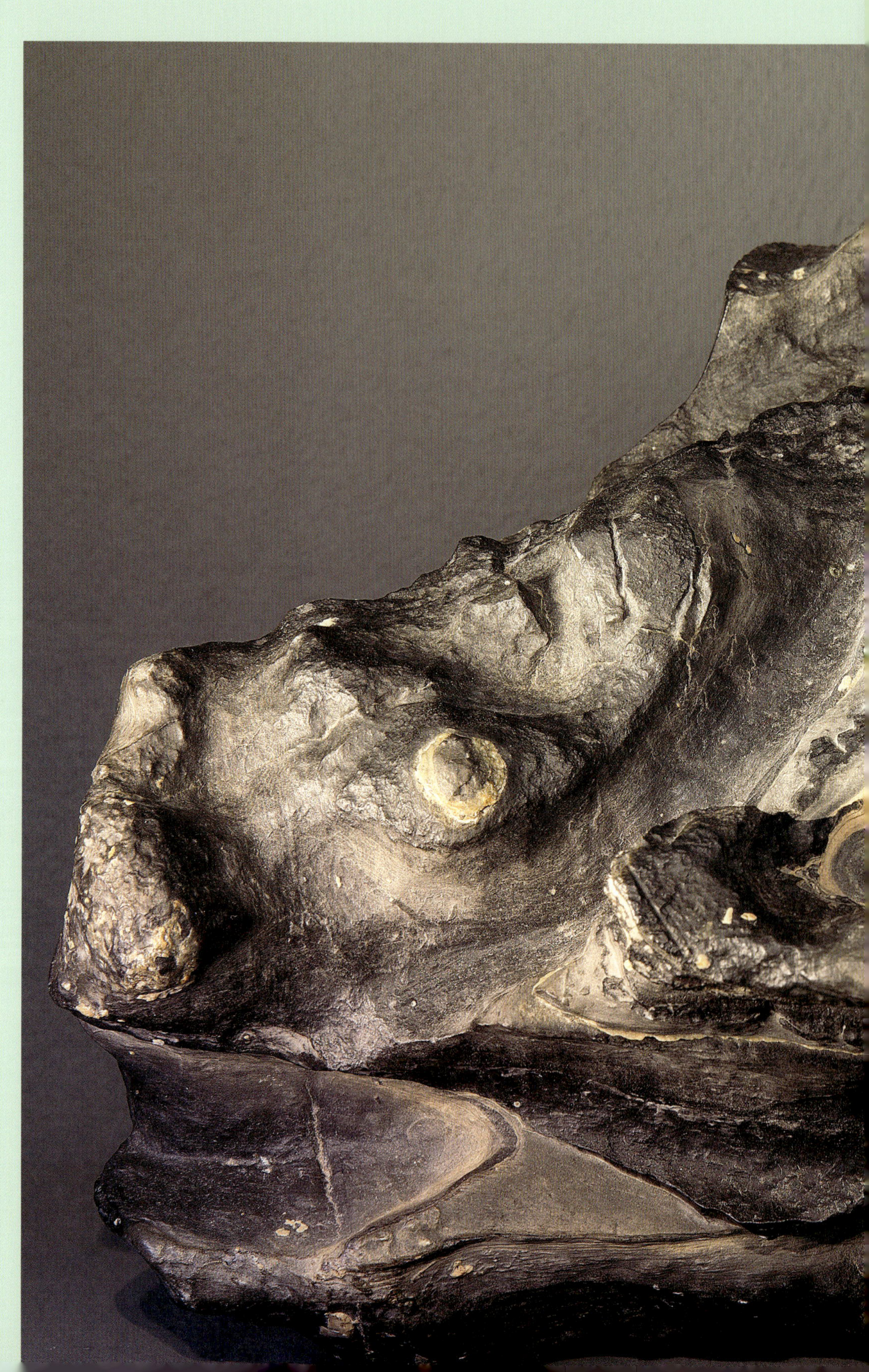

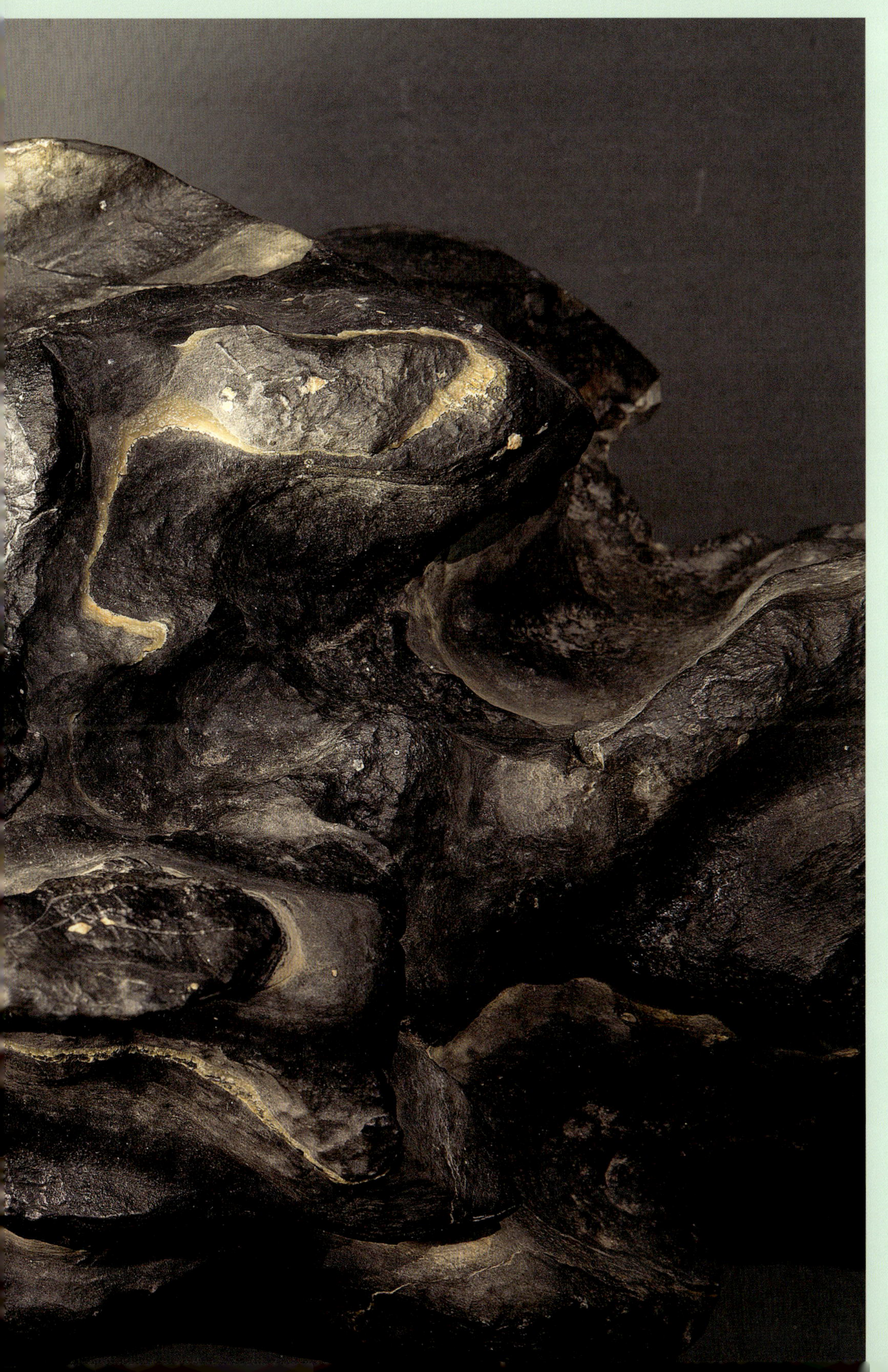

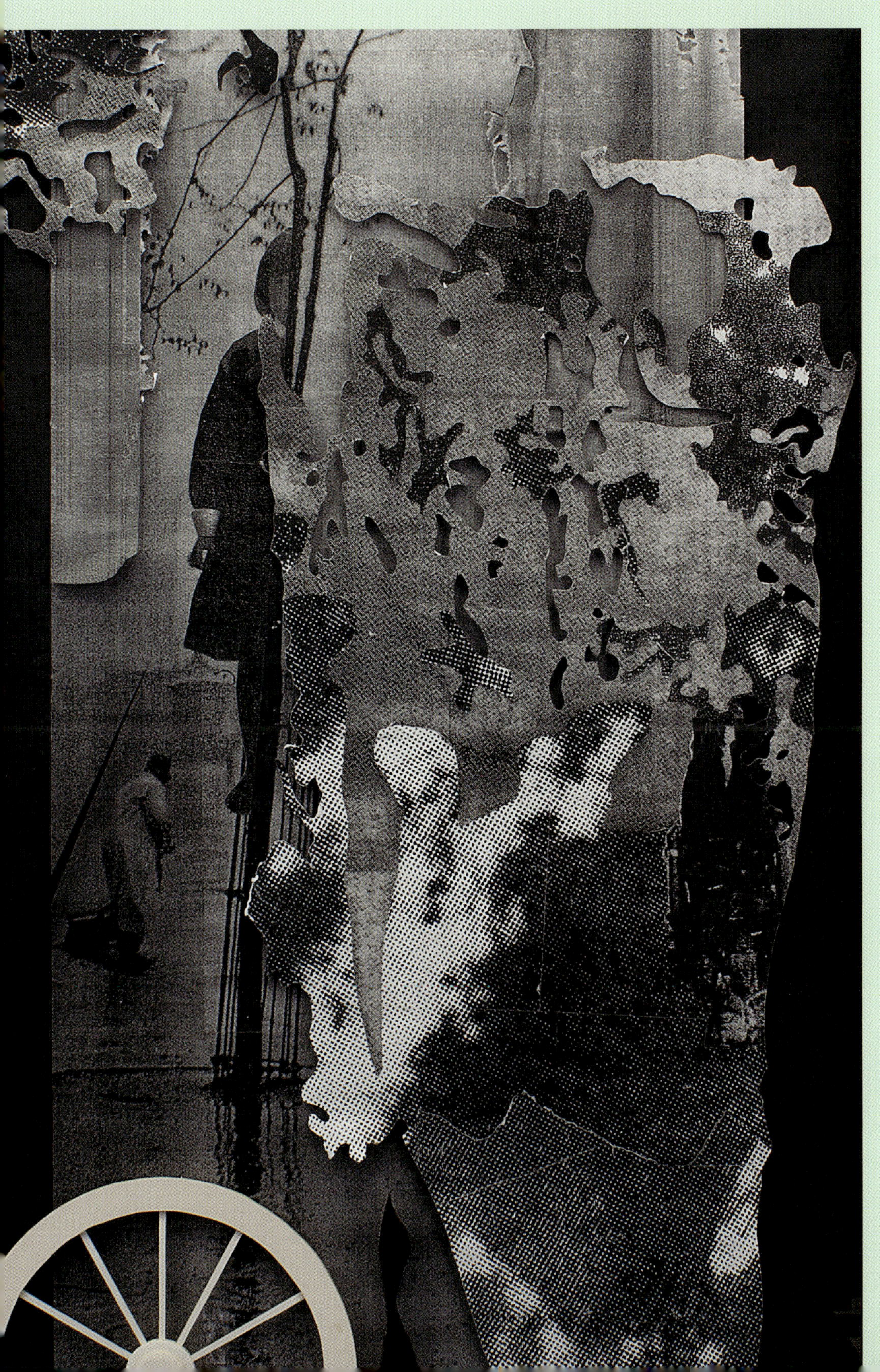

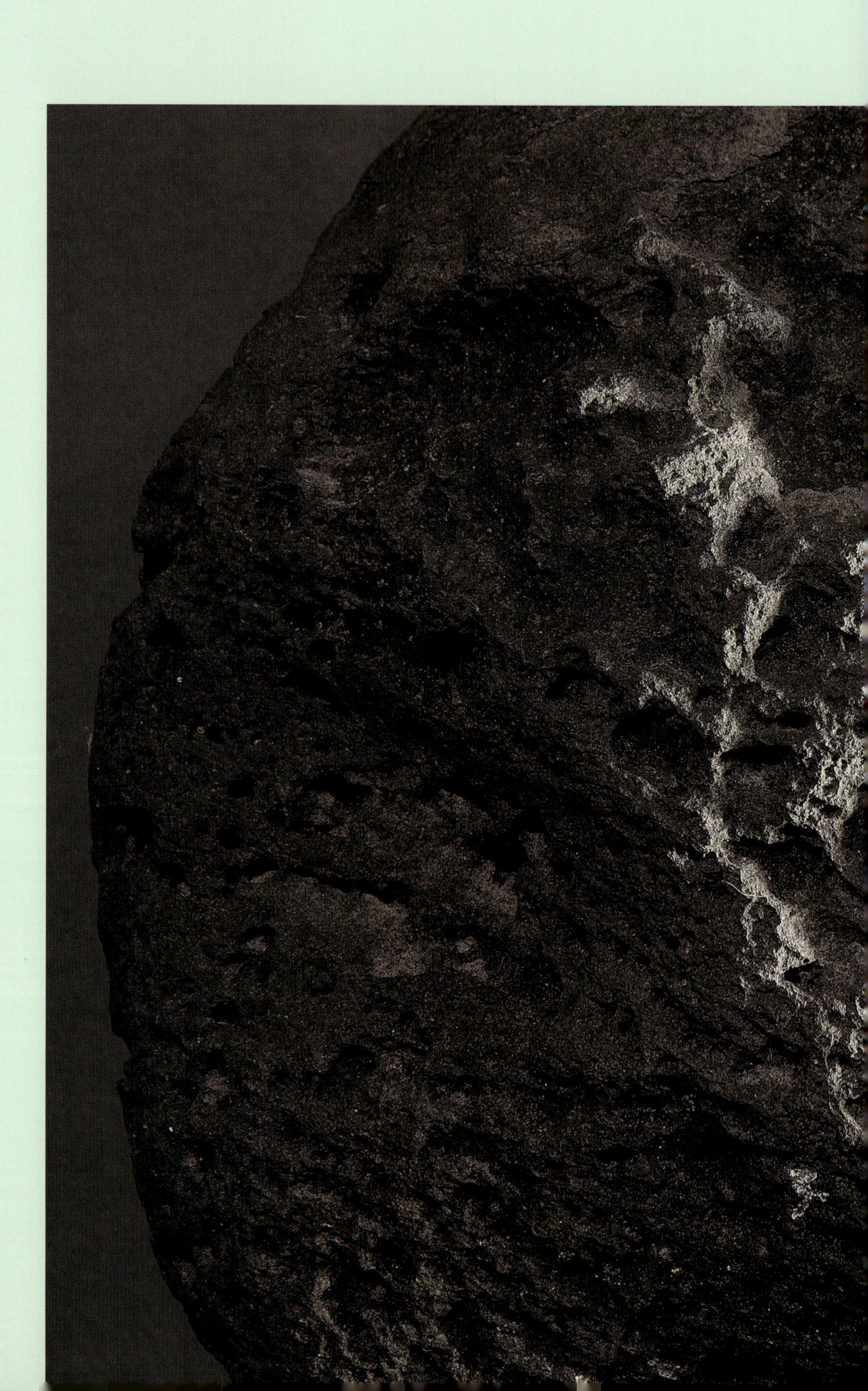

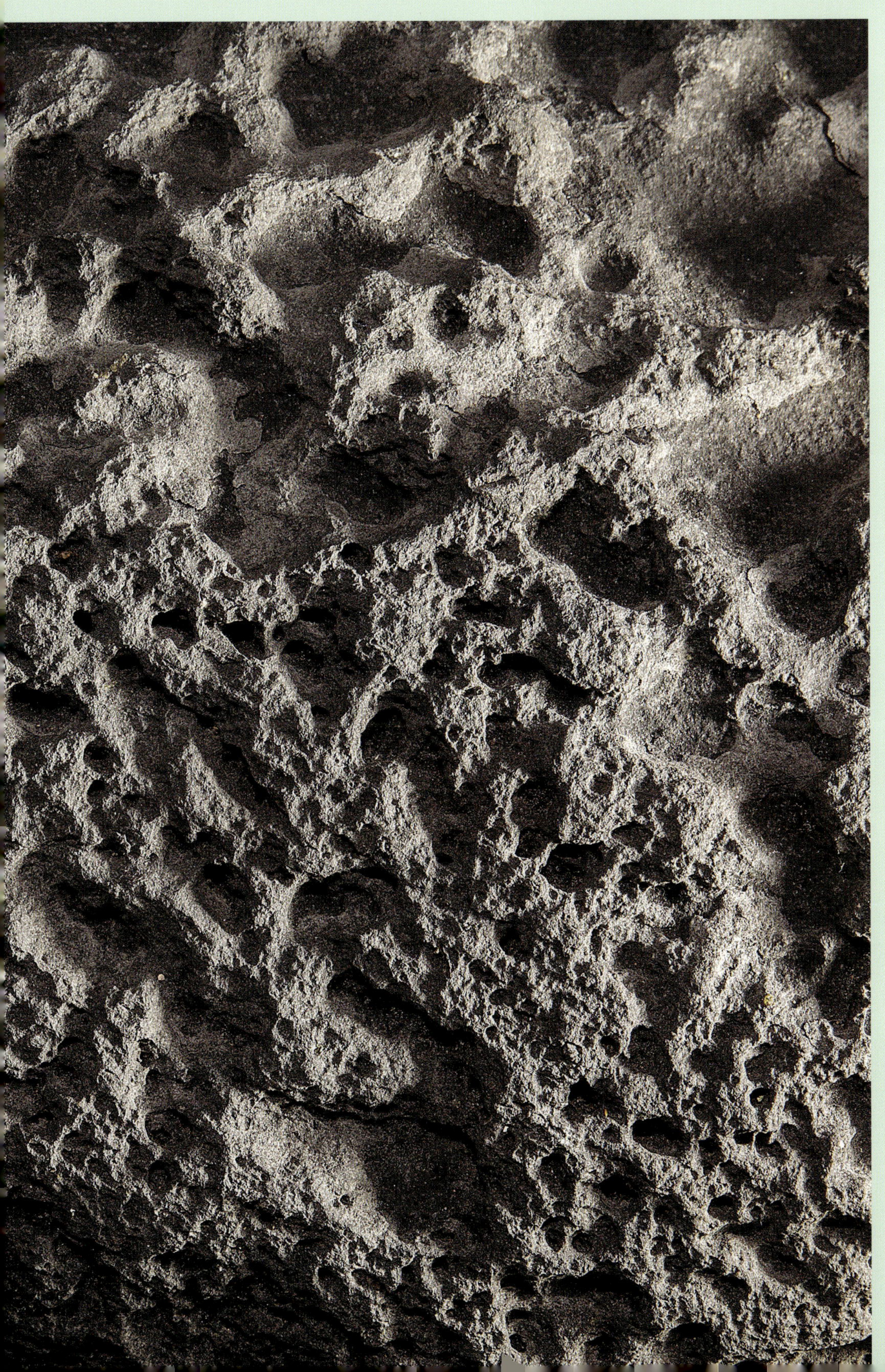

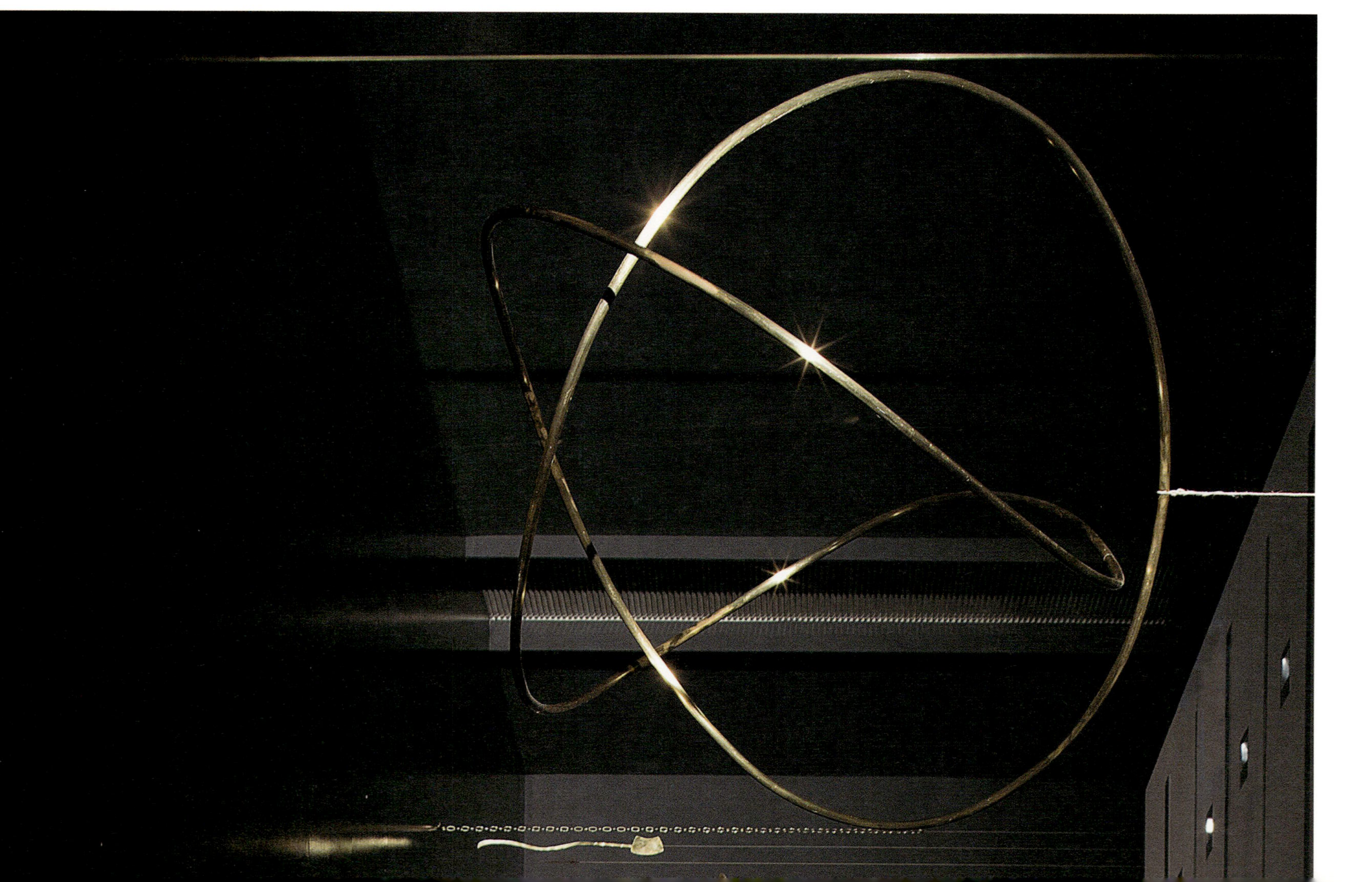

The past is an illusion,
and the future is a dream

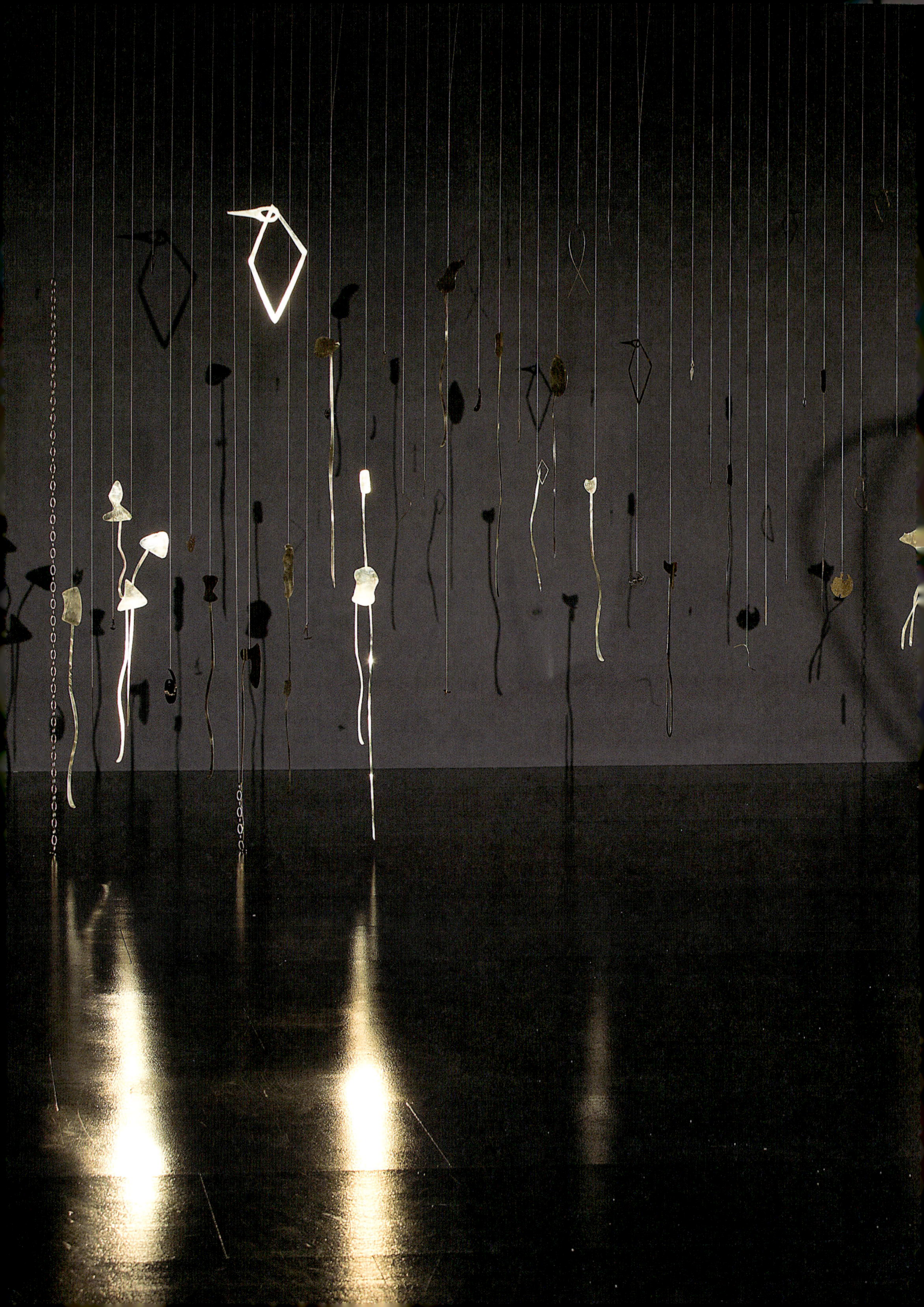

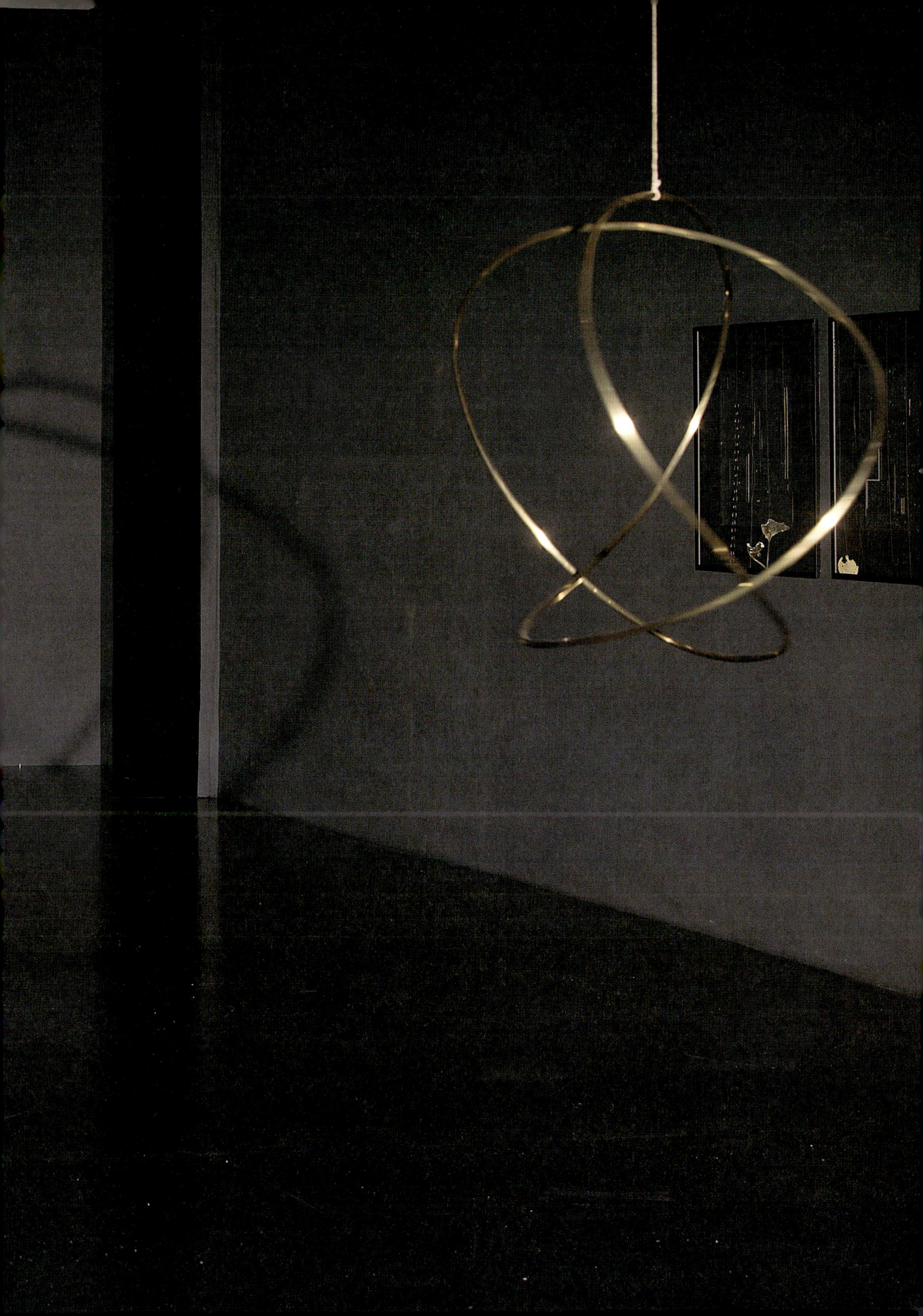

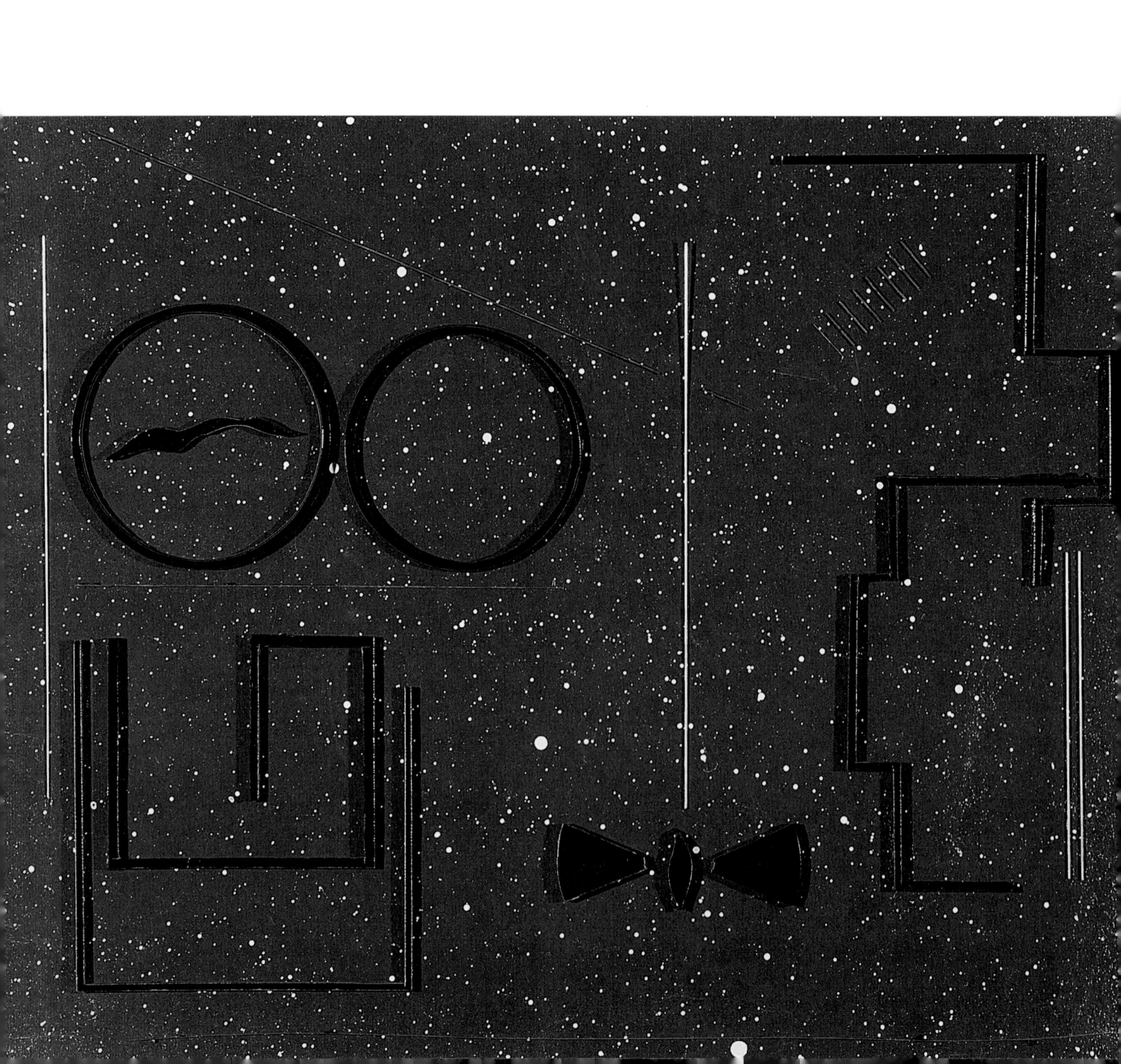

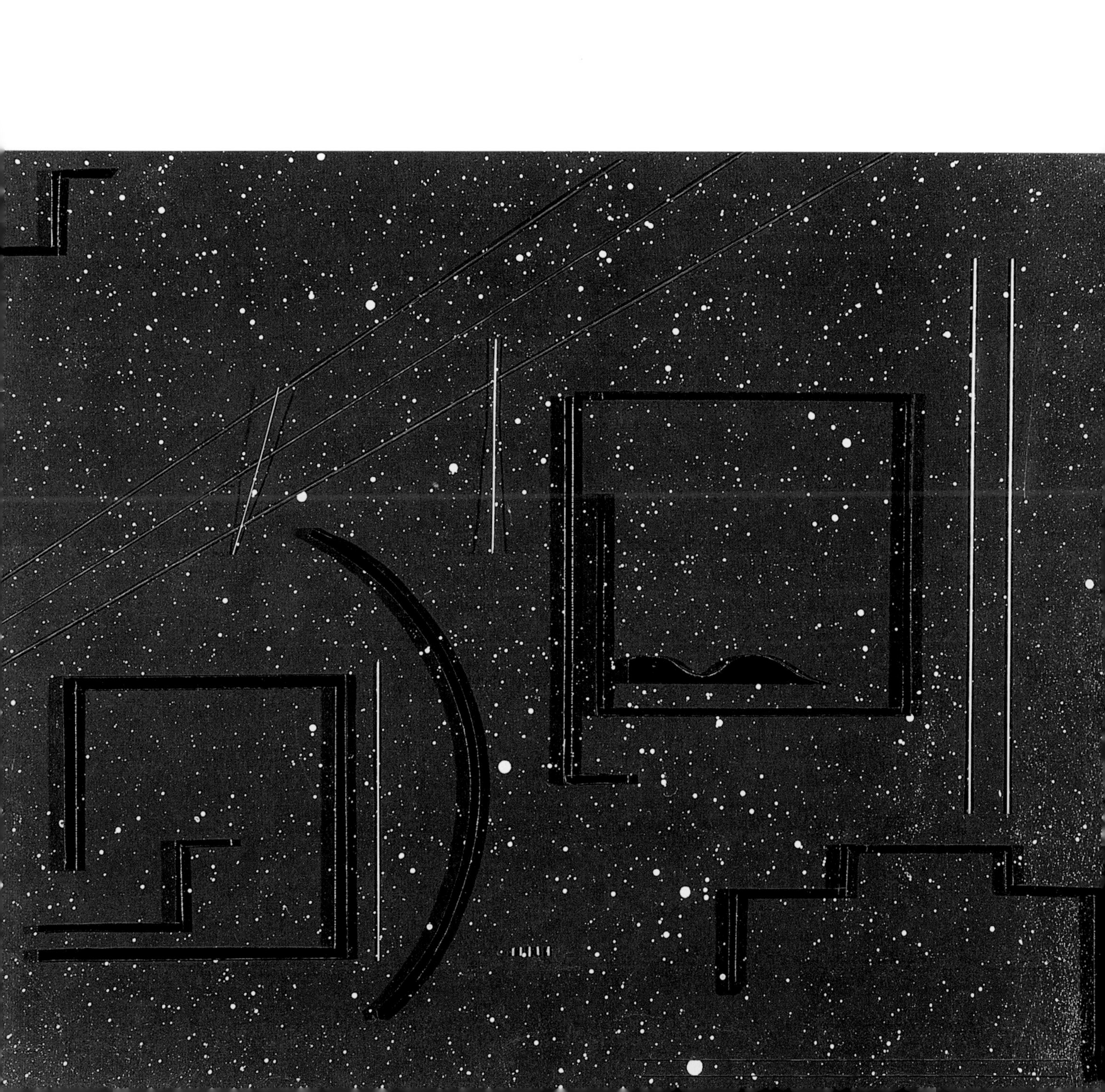

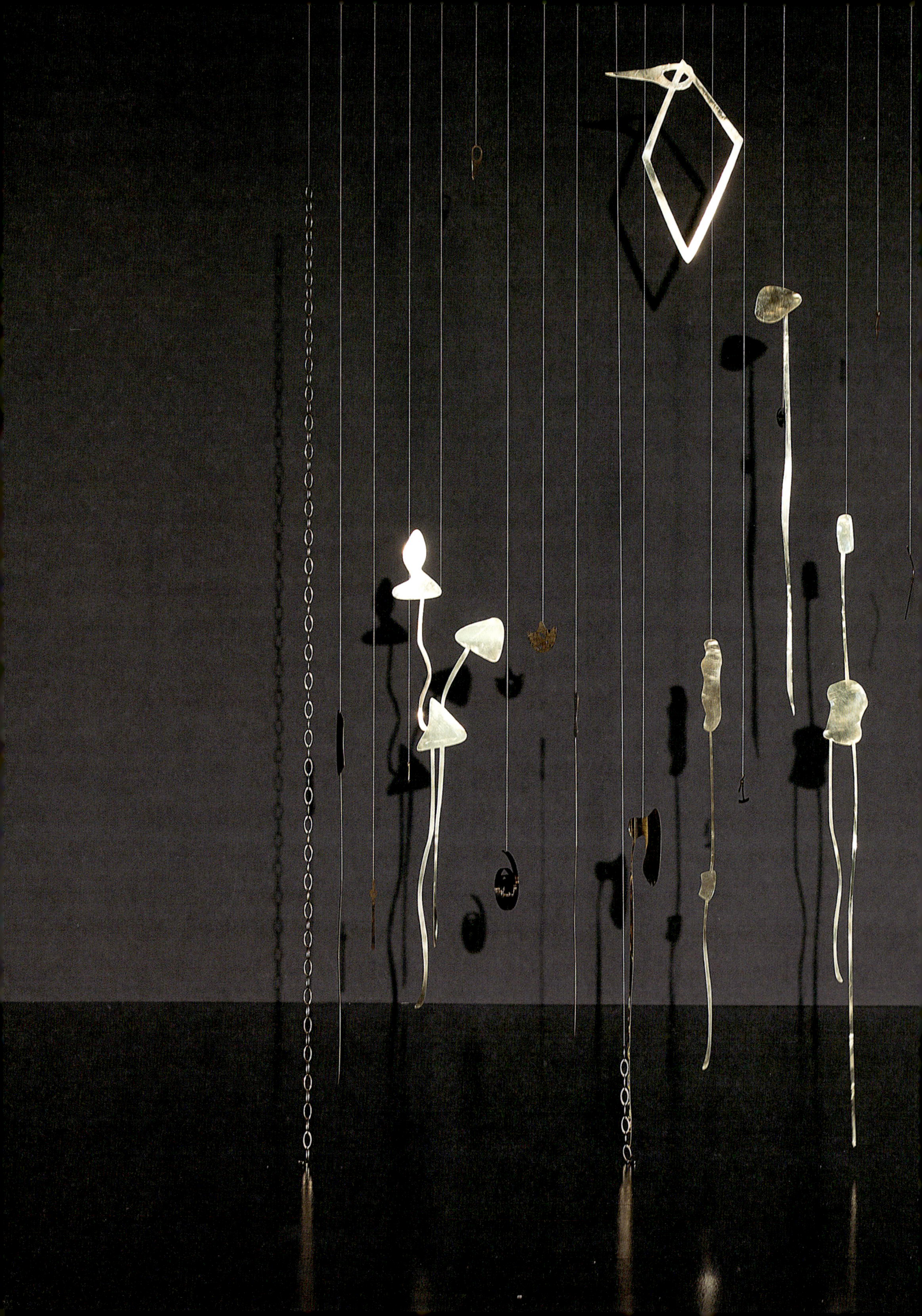

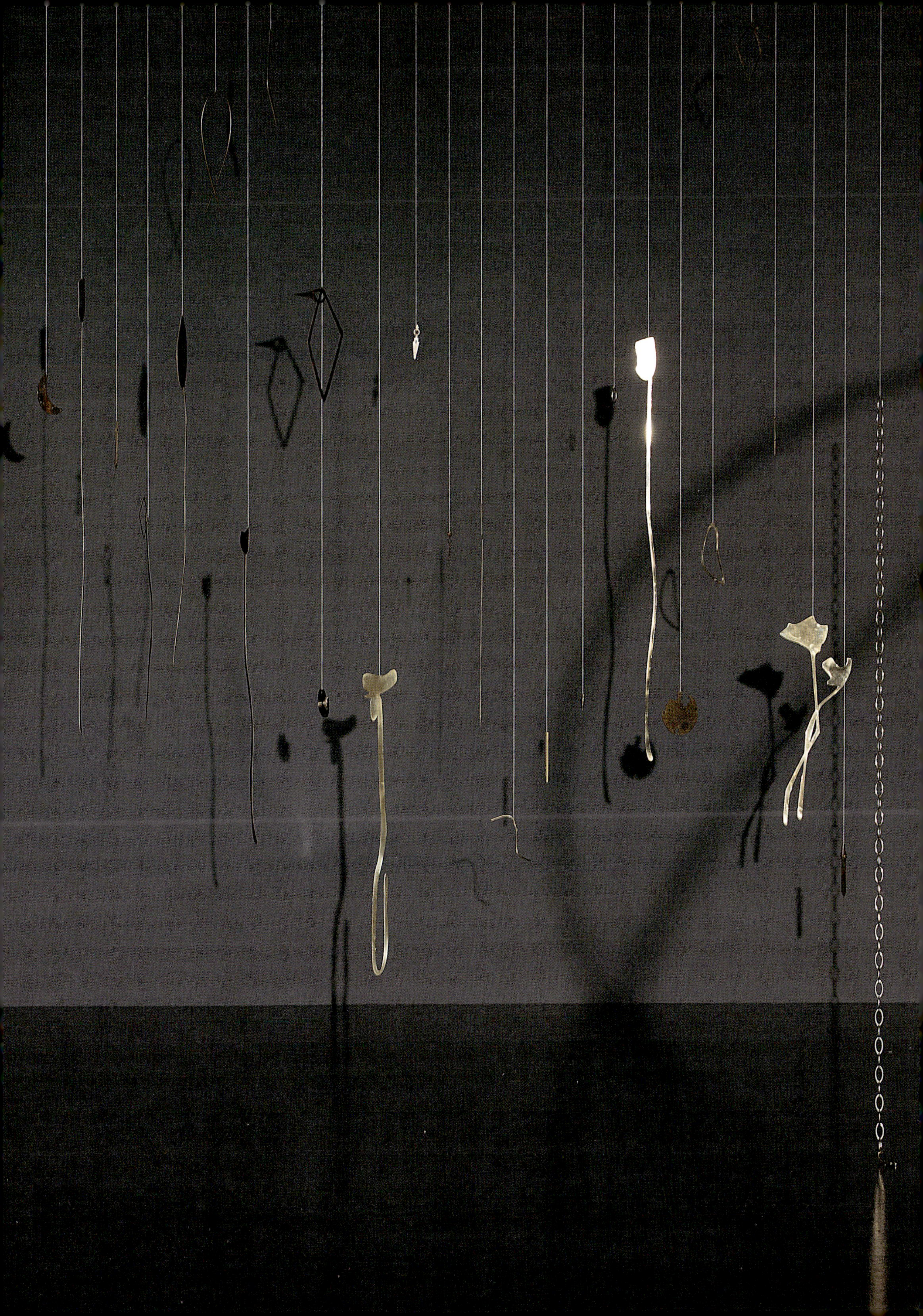

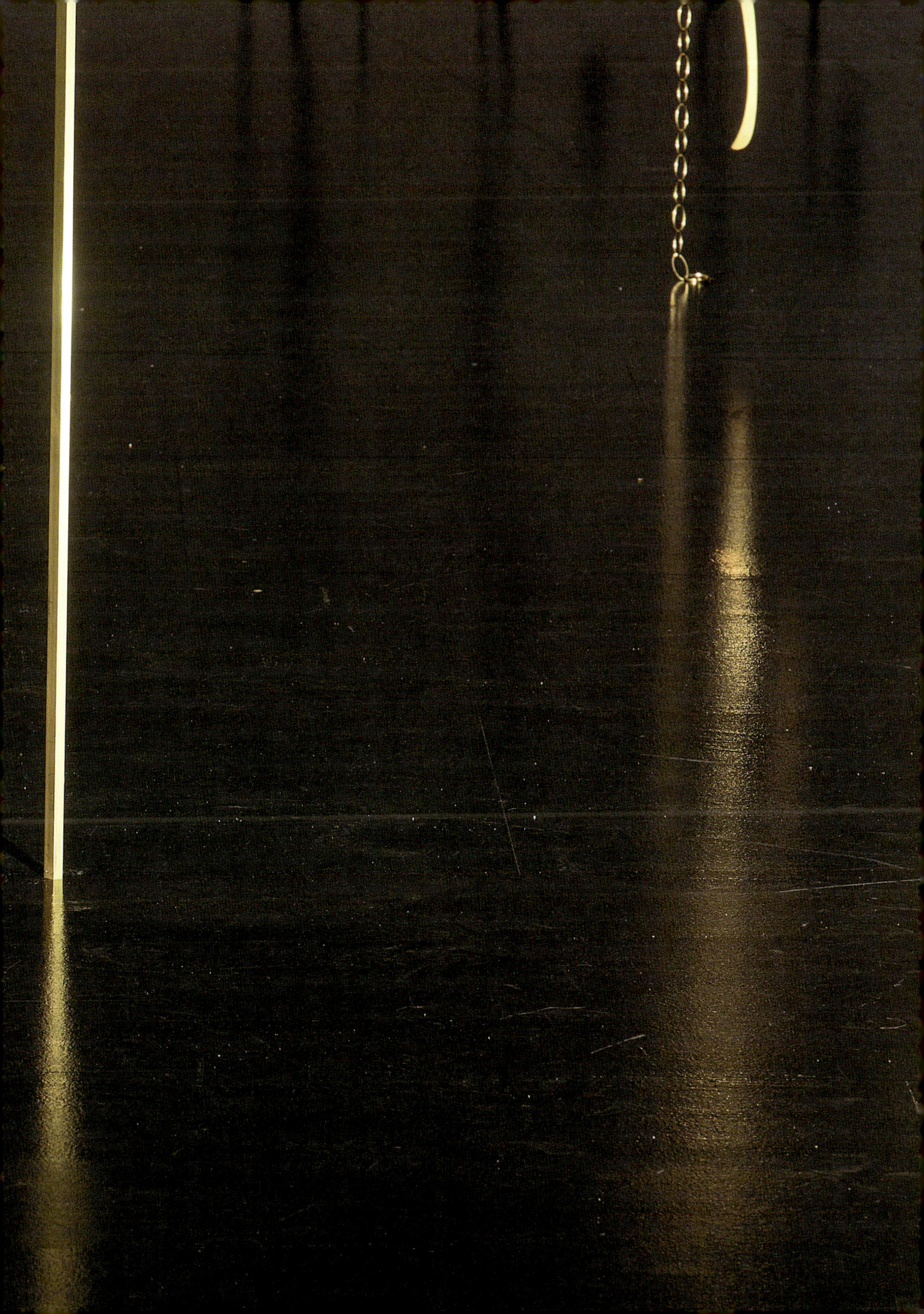

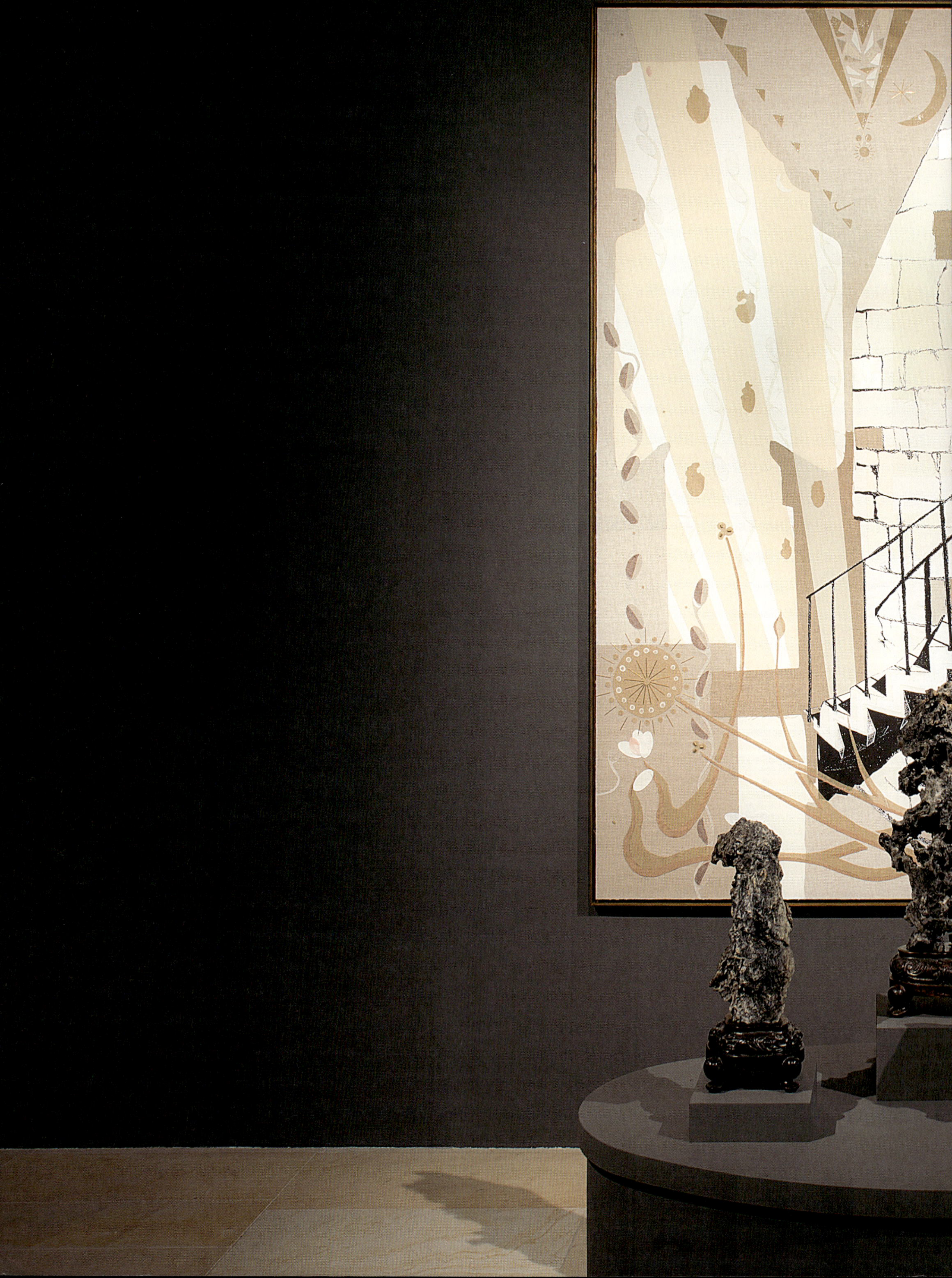

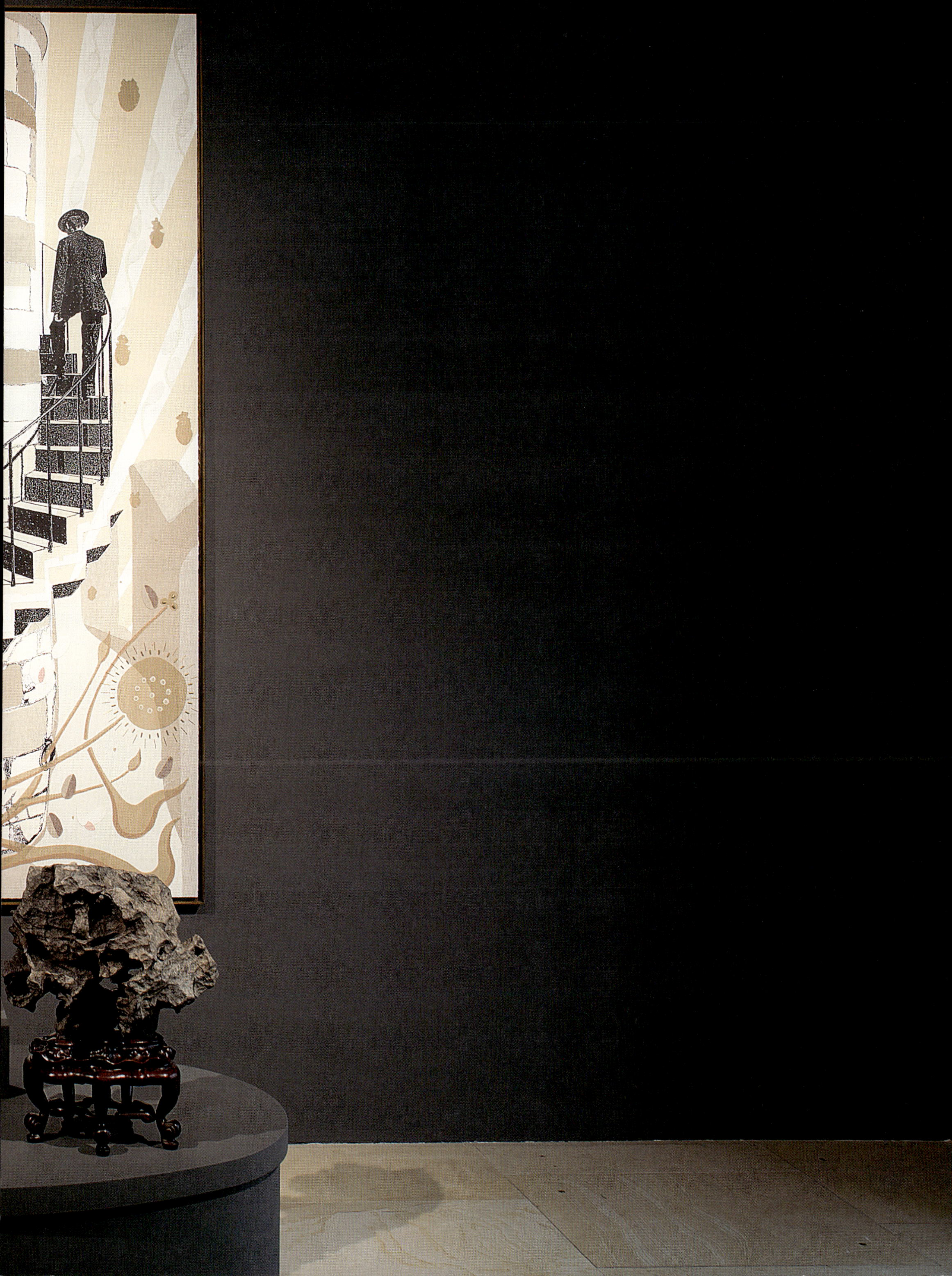

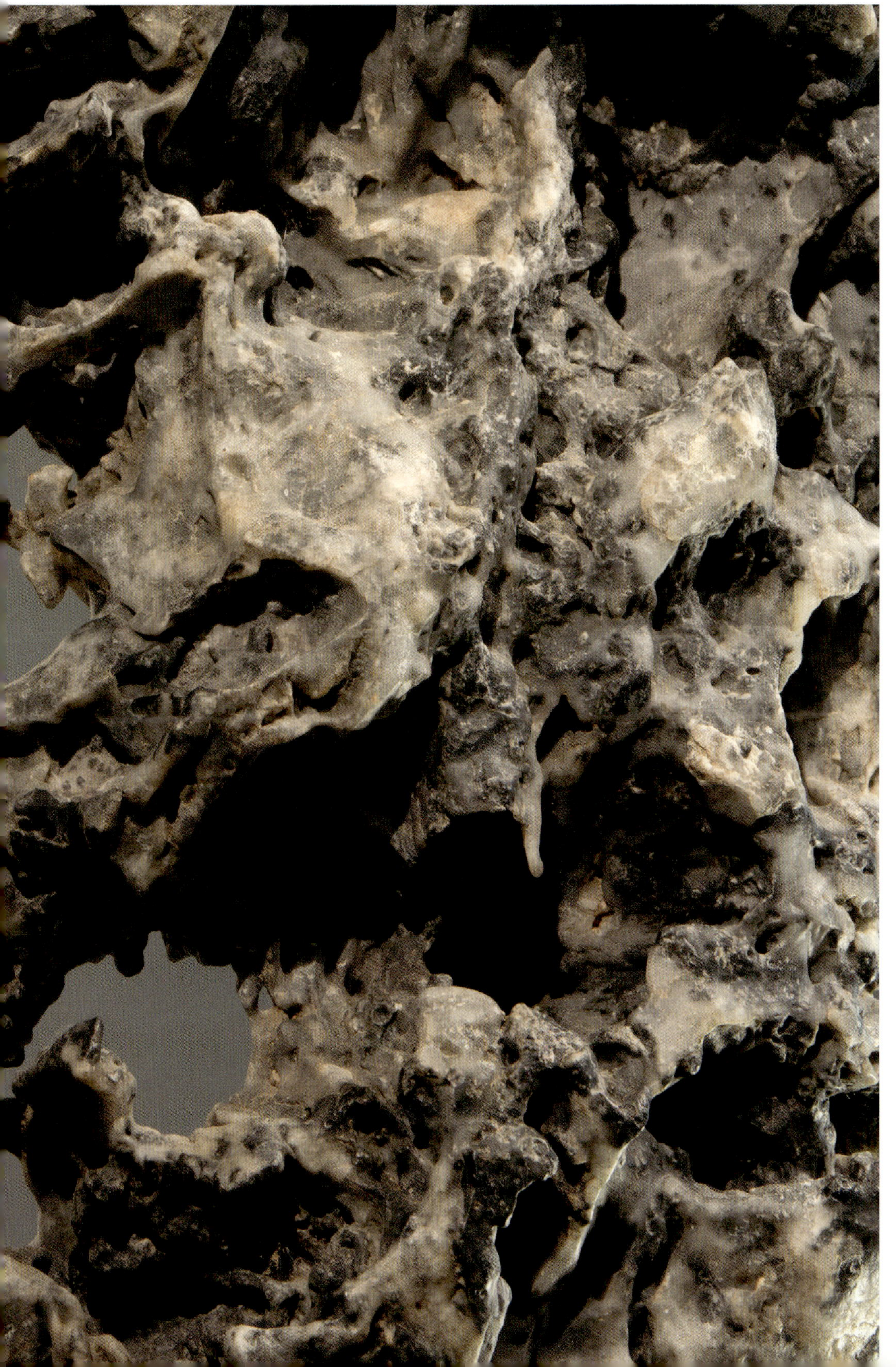

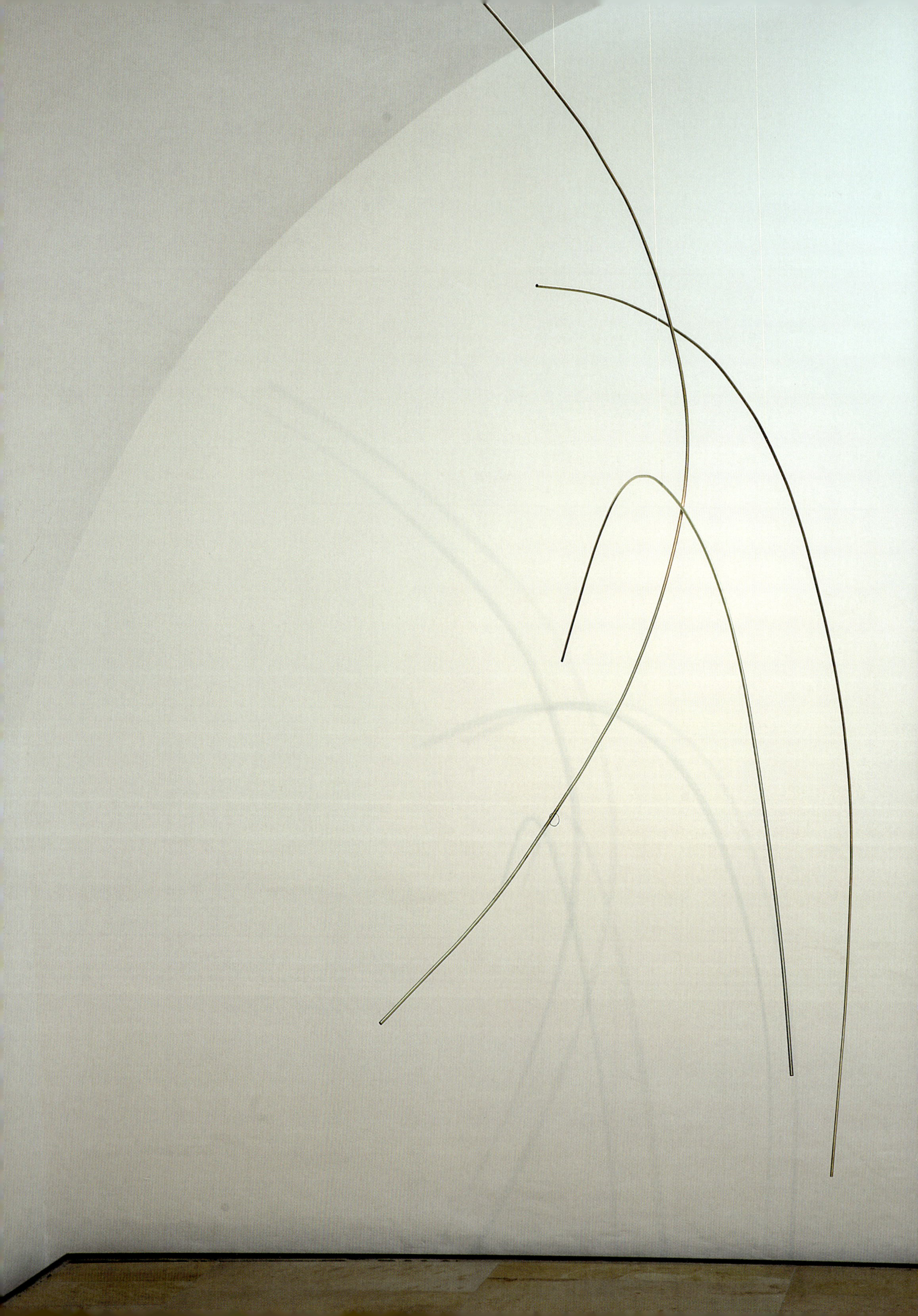

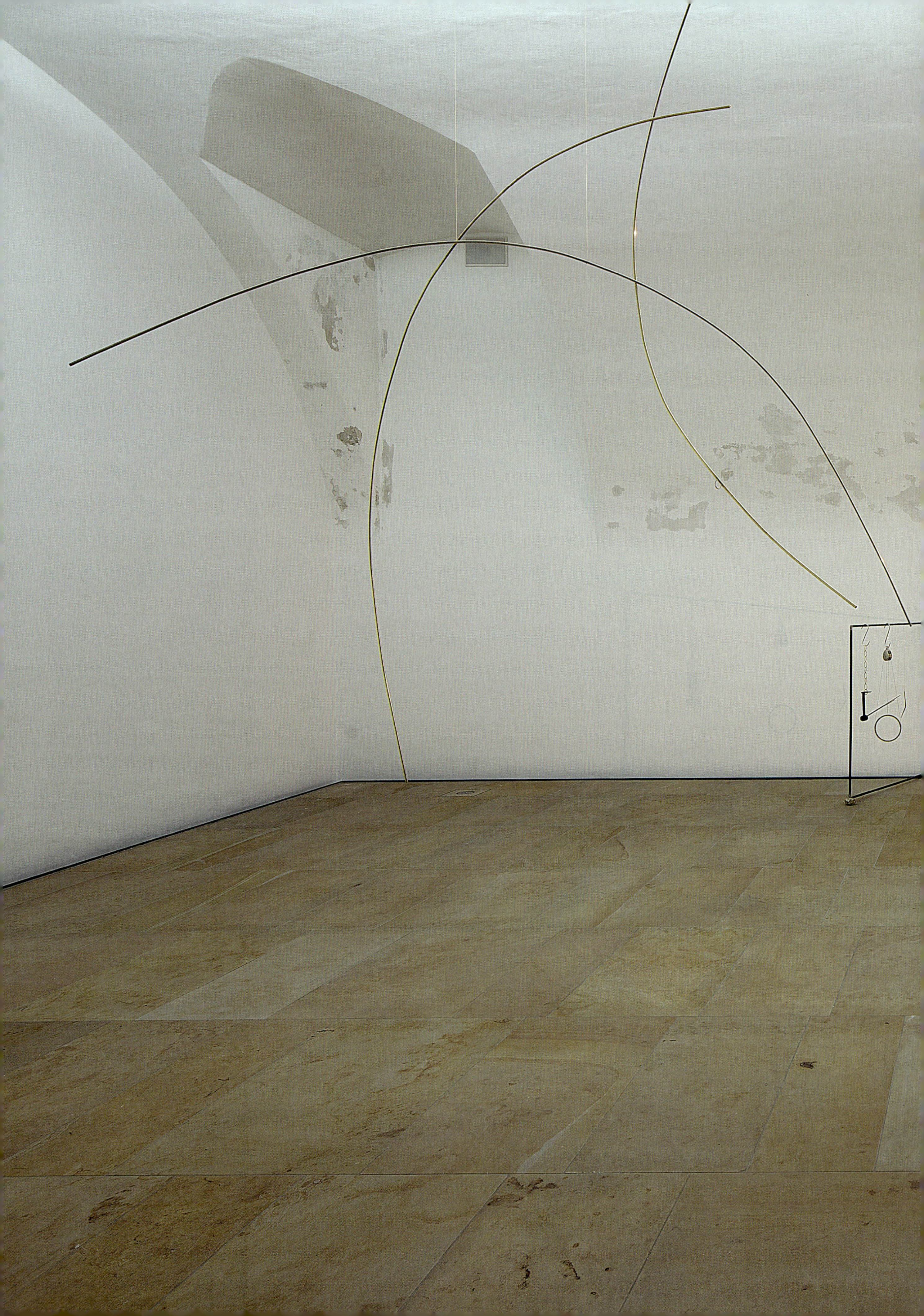

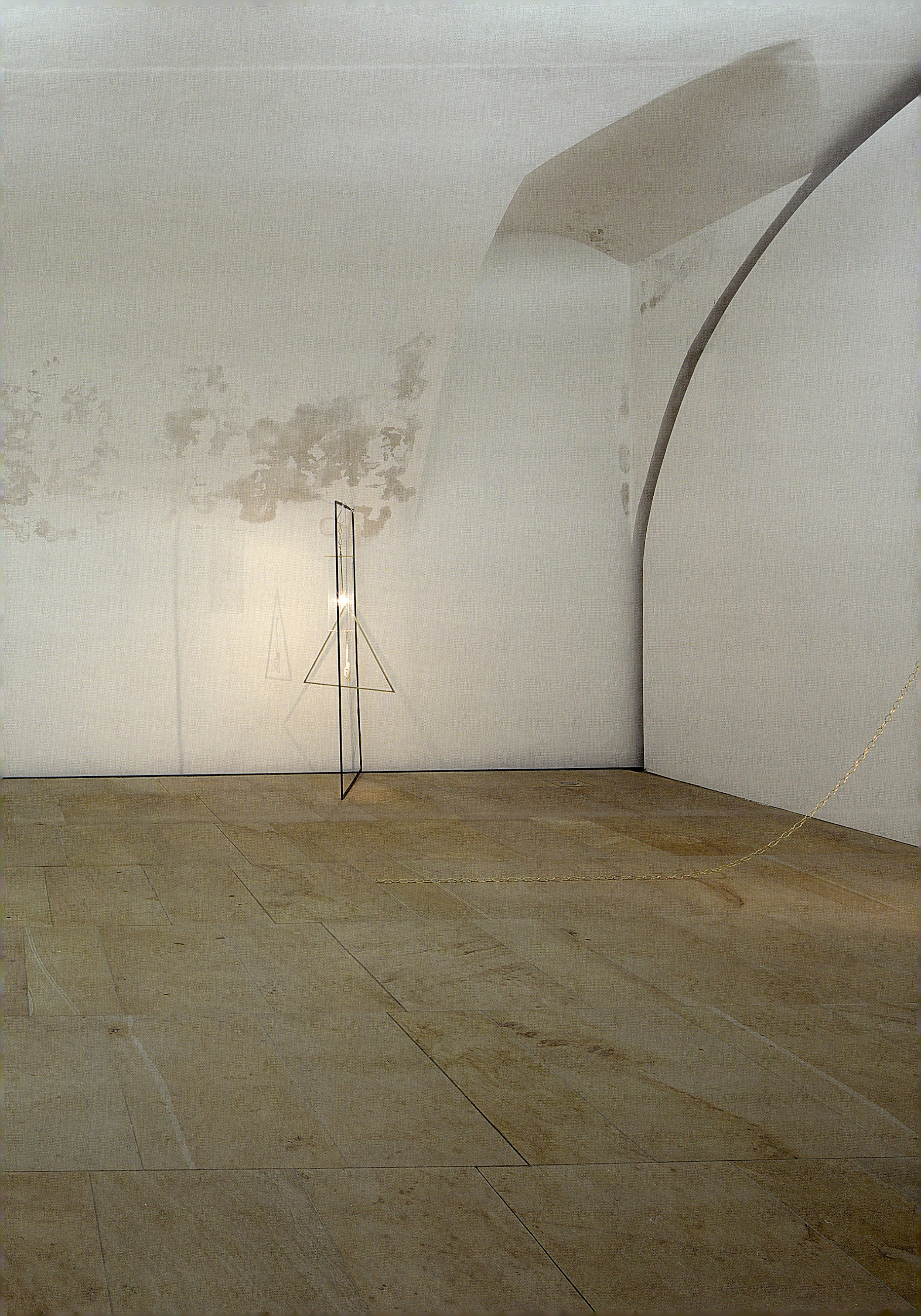

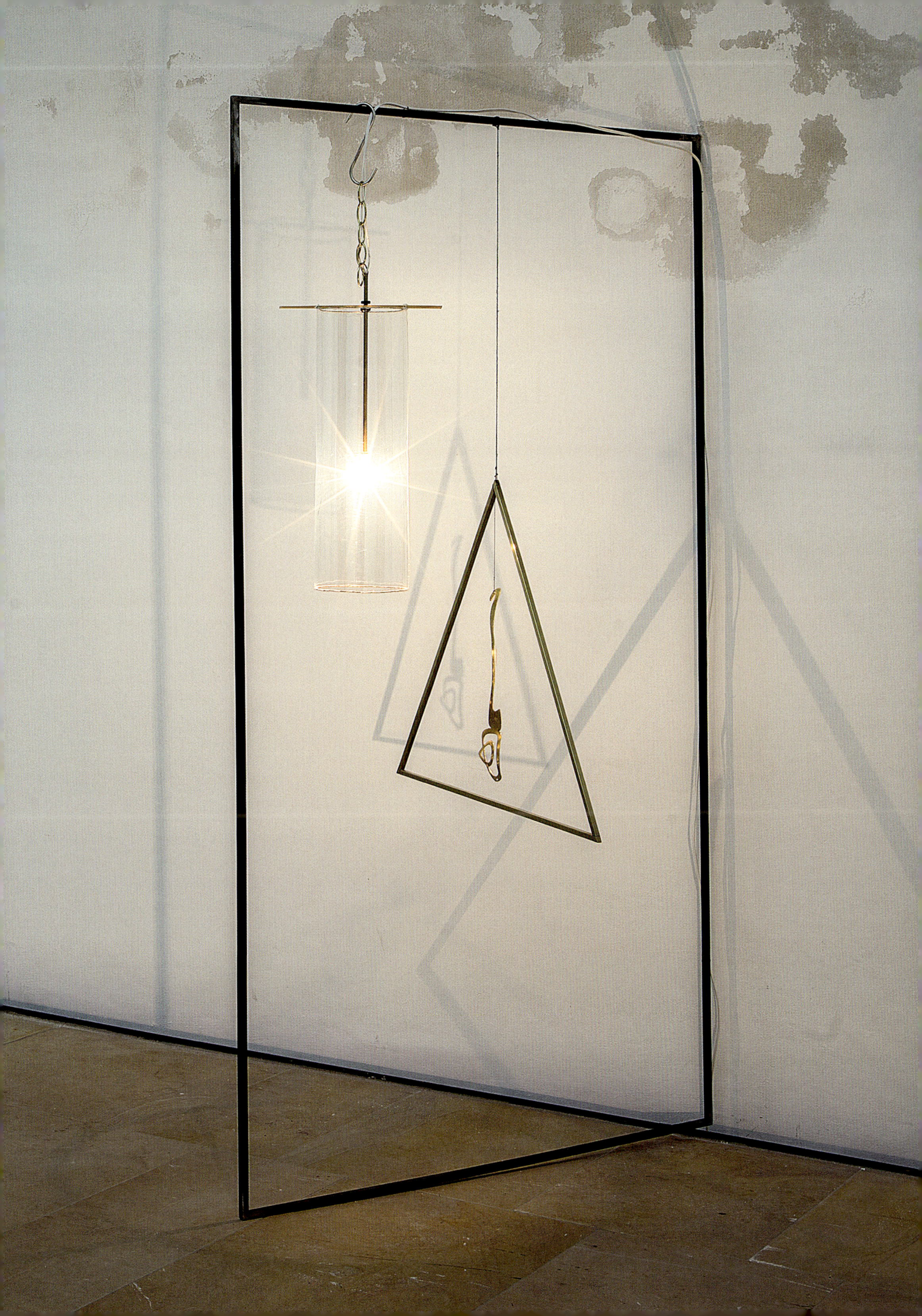

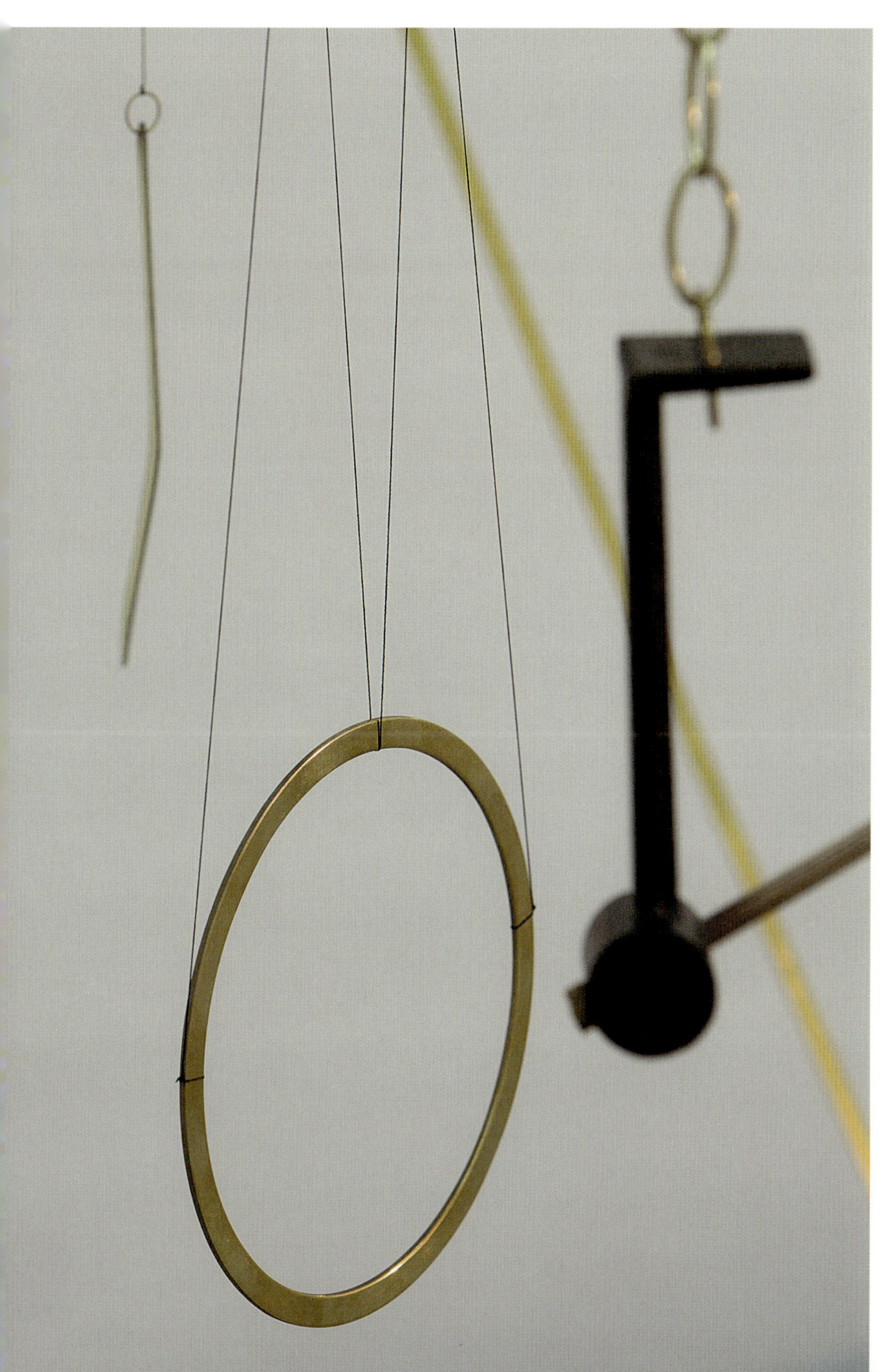

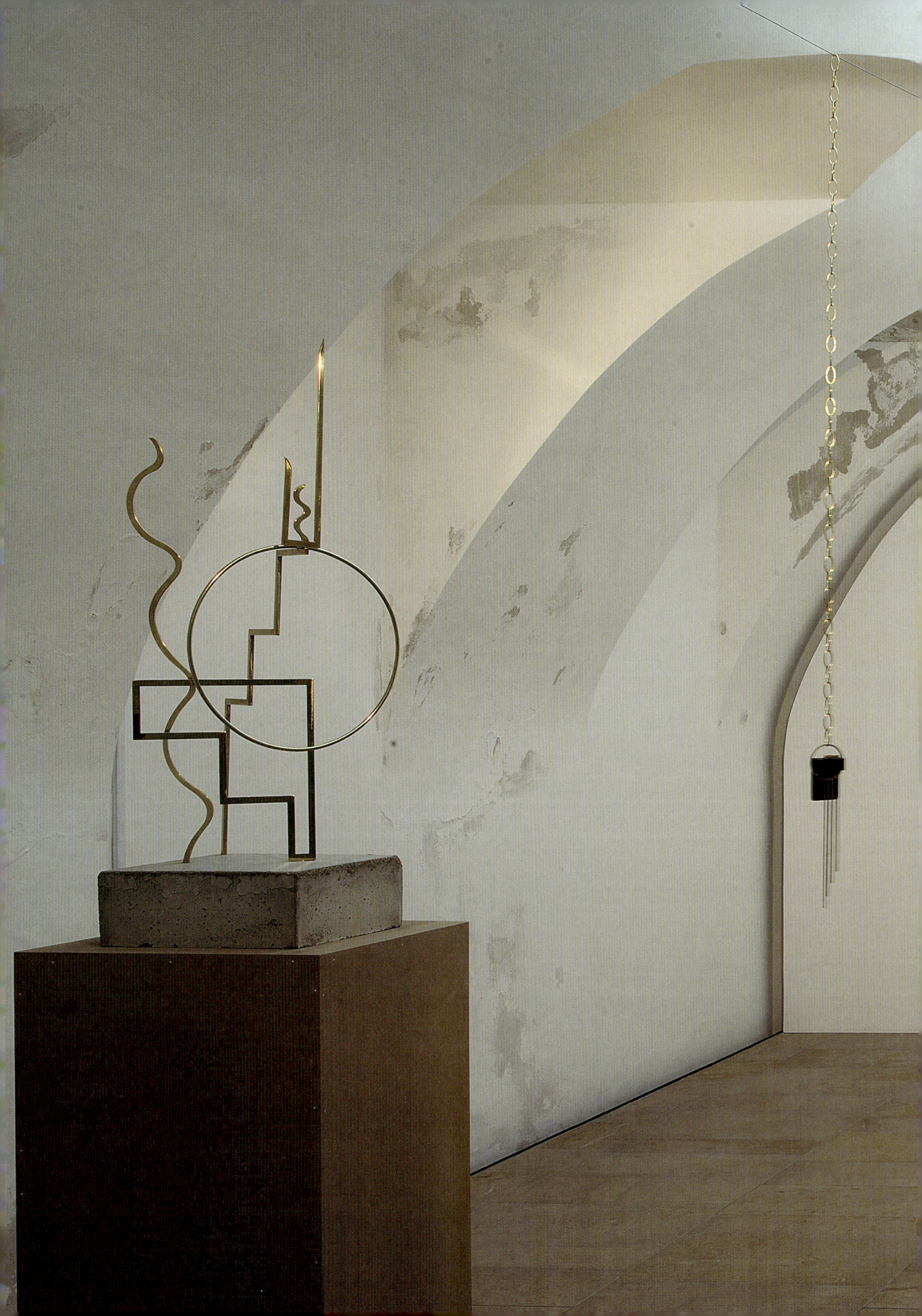

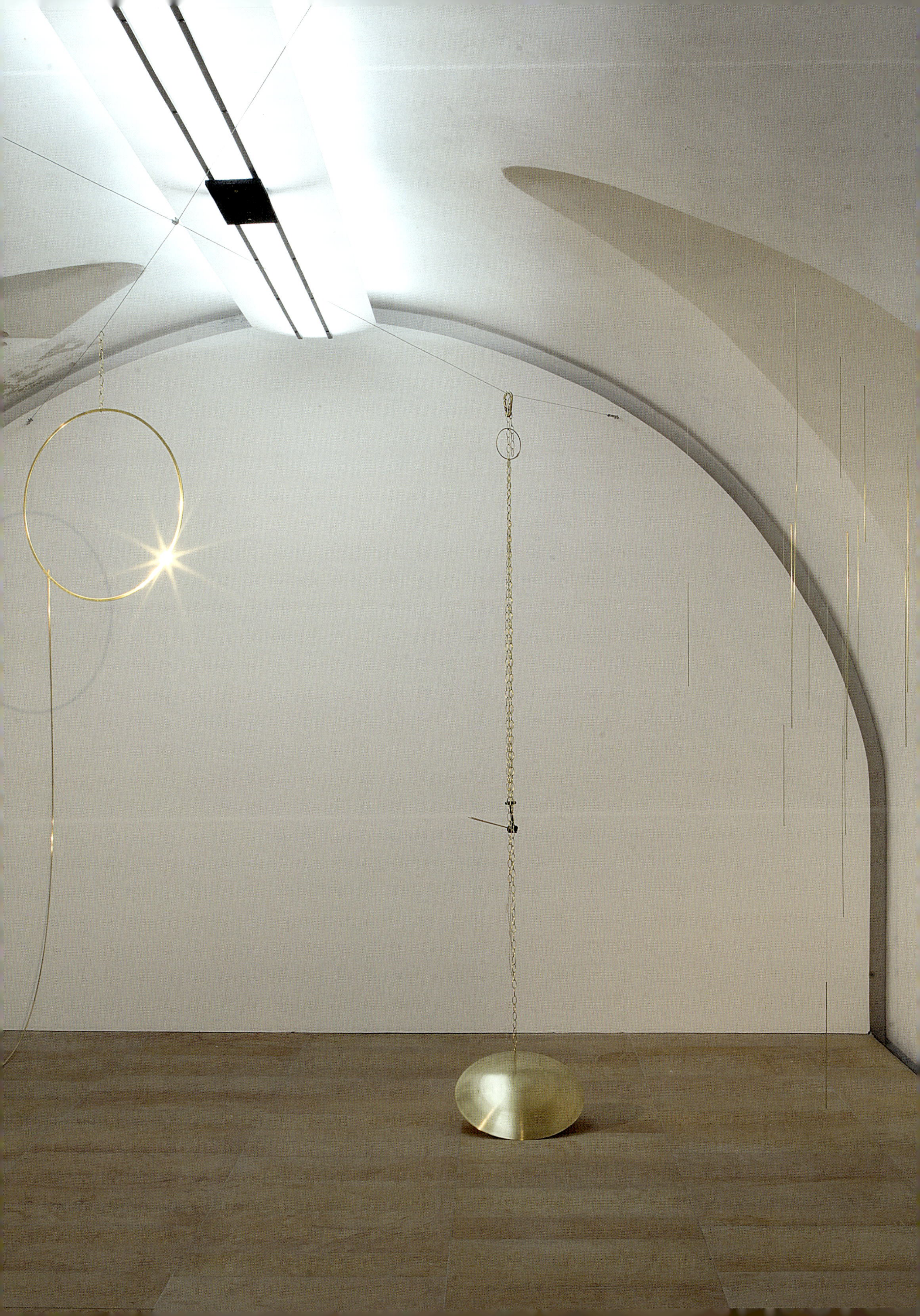

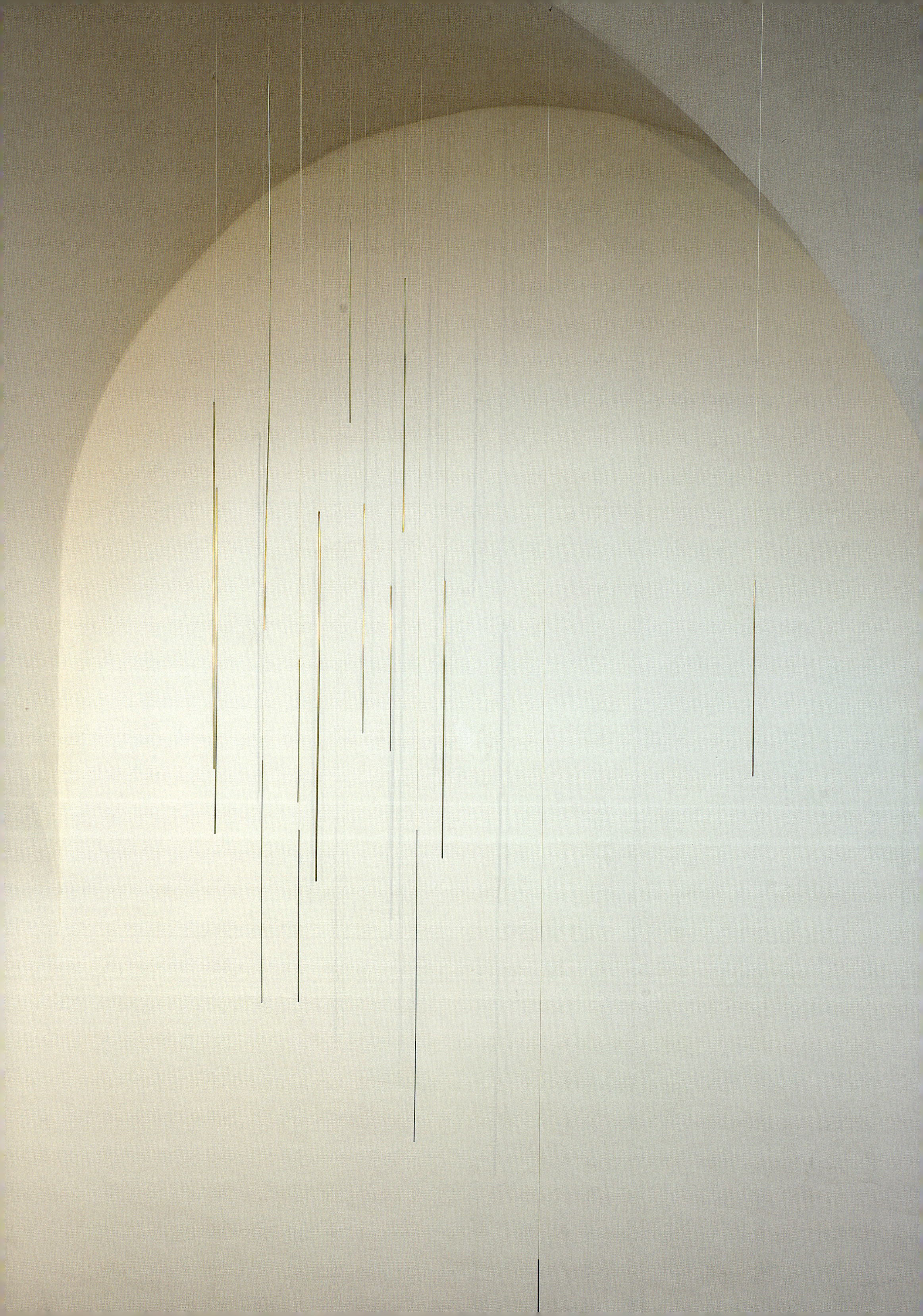

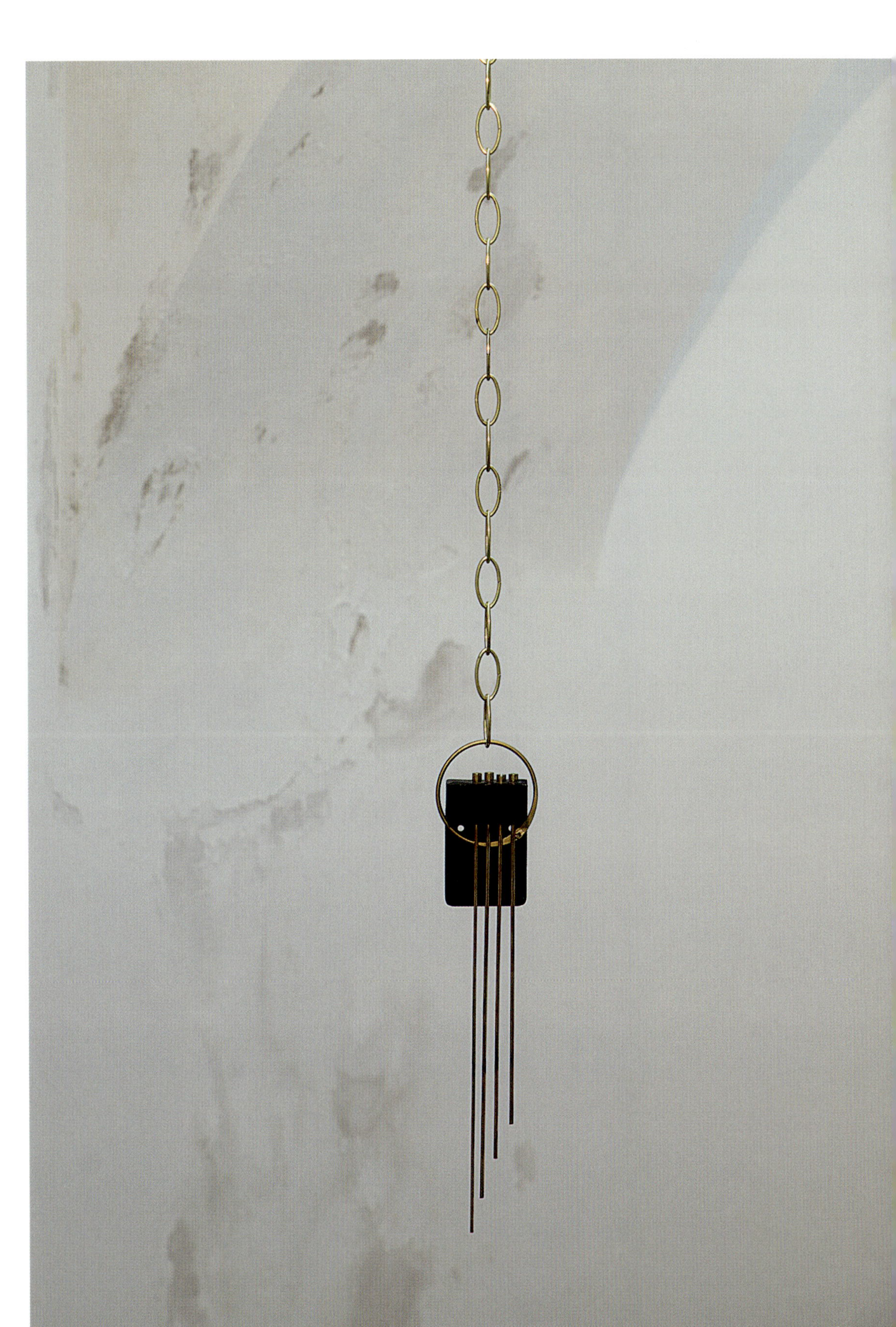

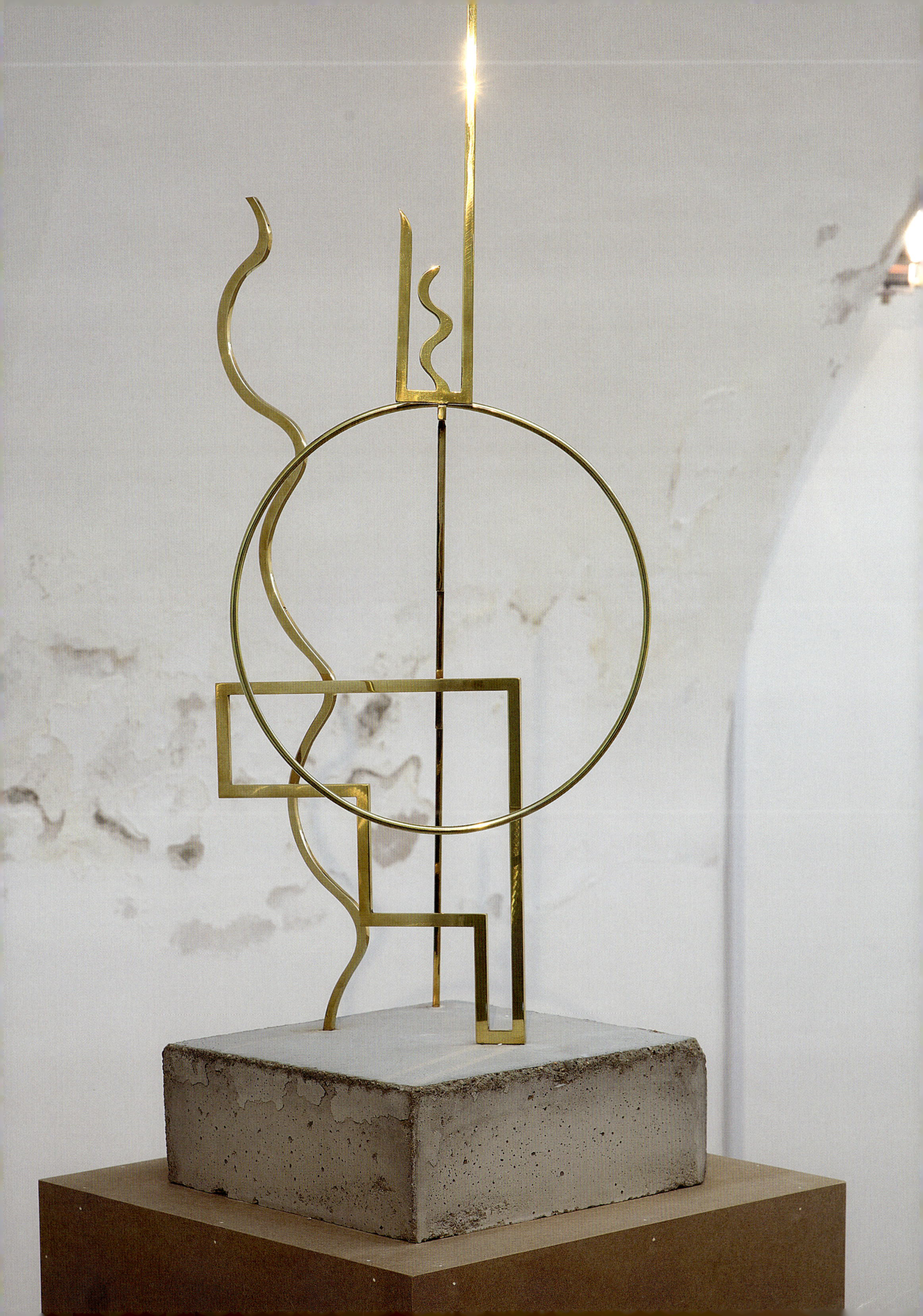

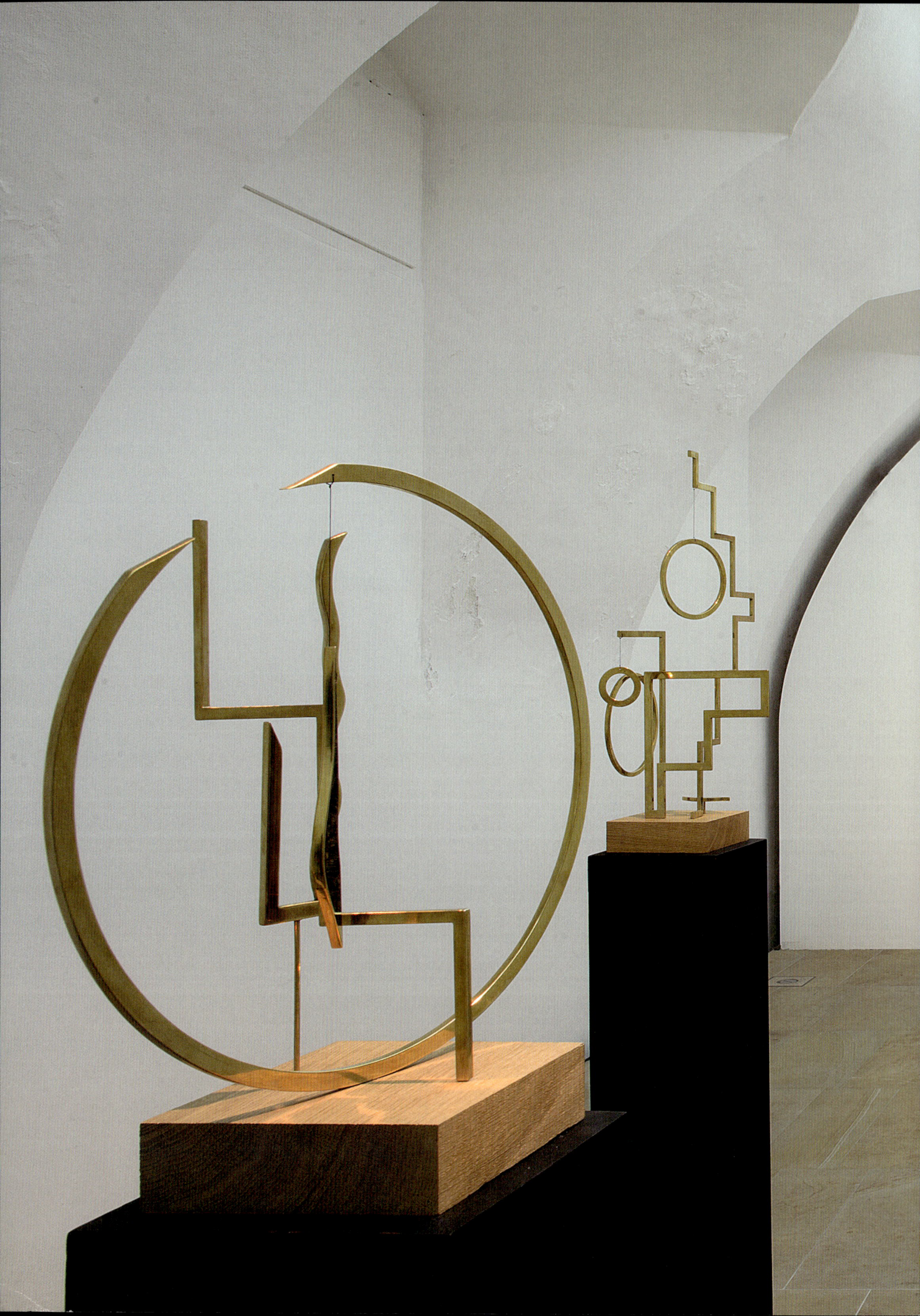

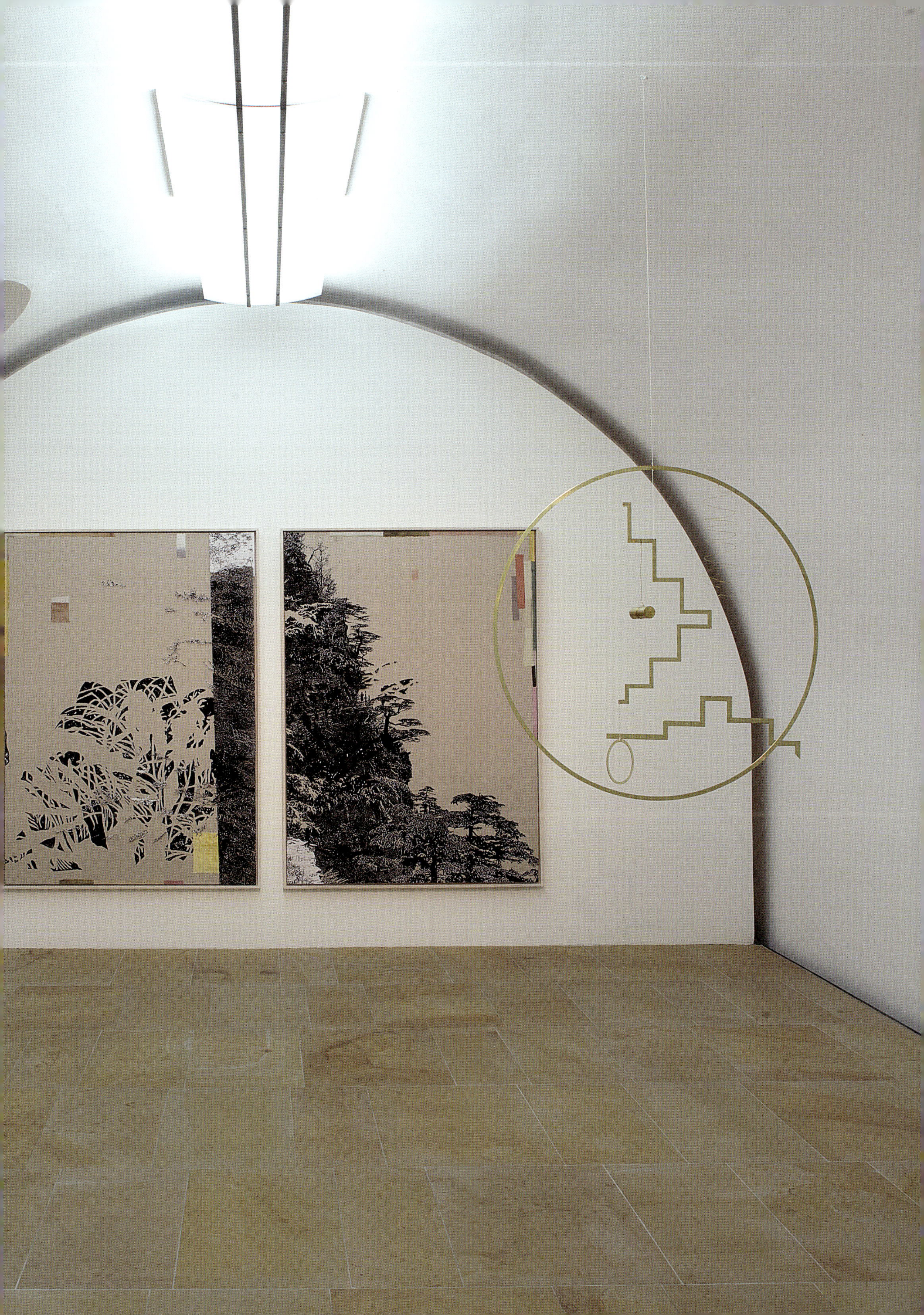

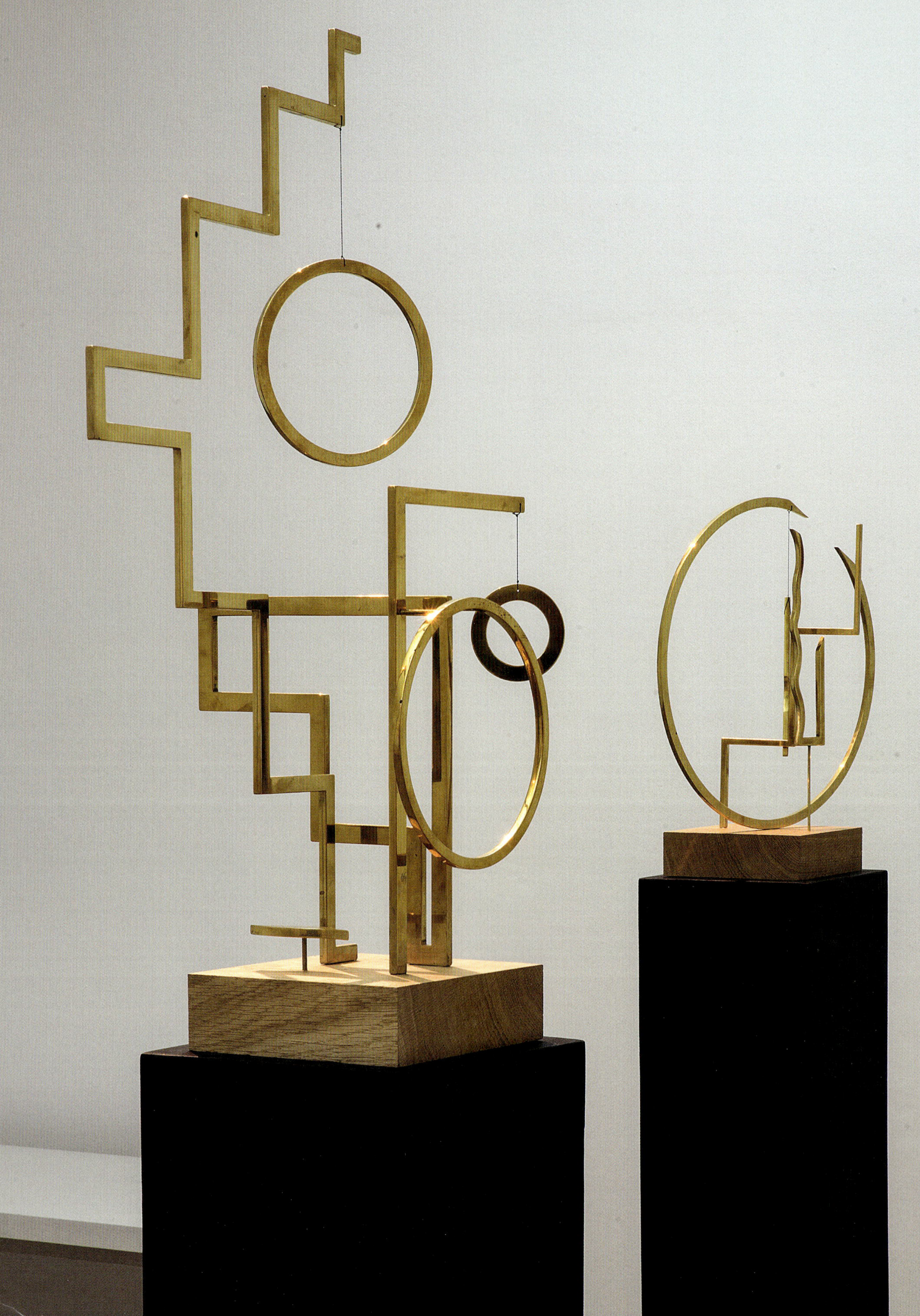

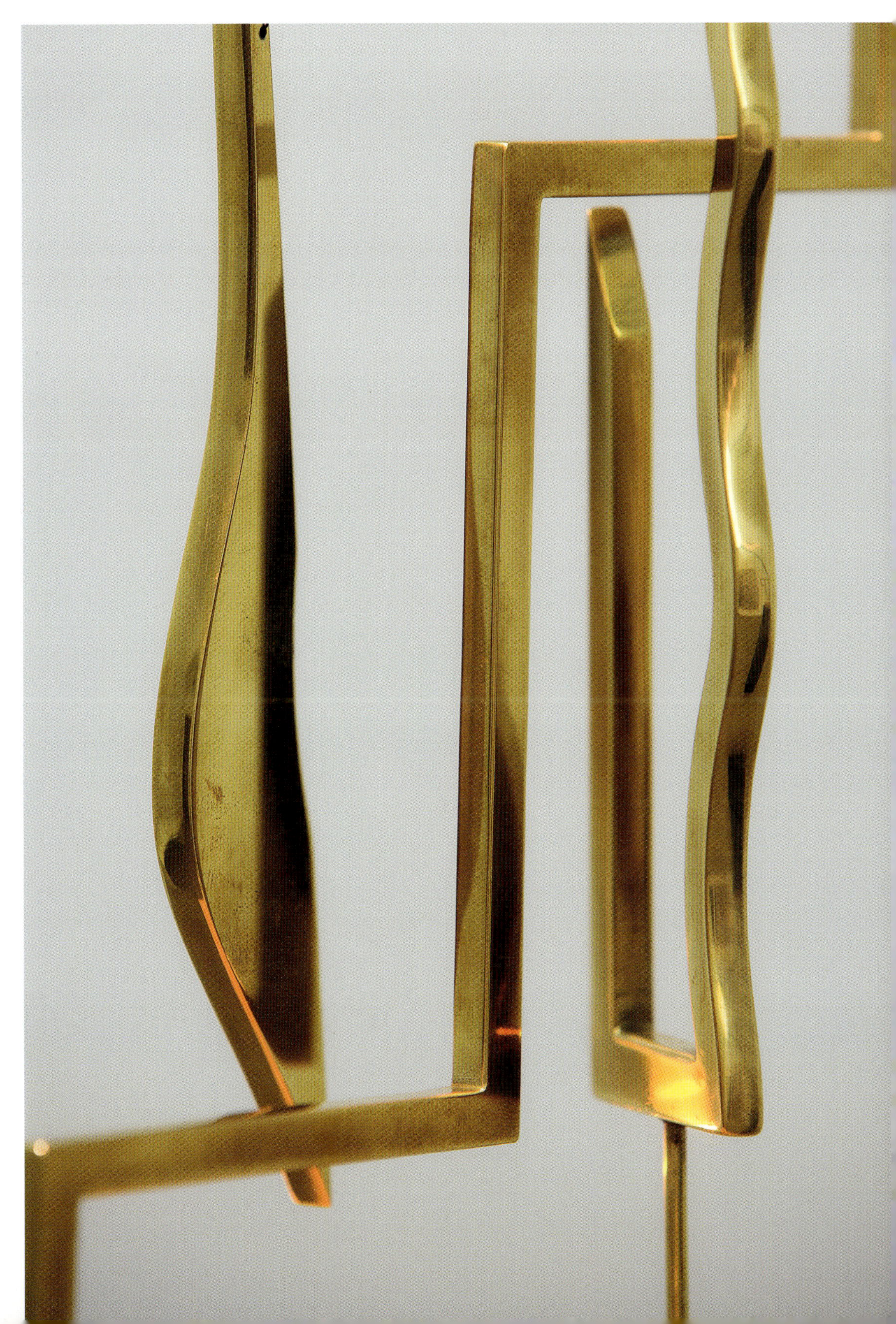

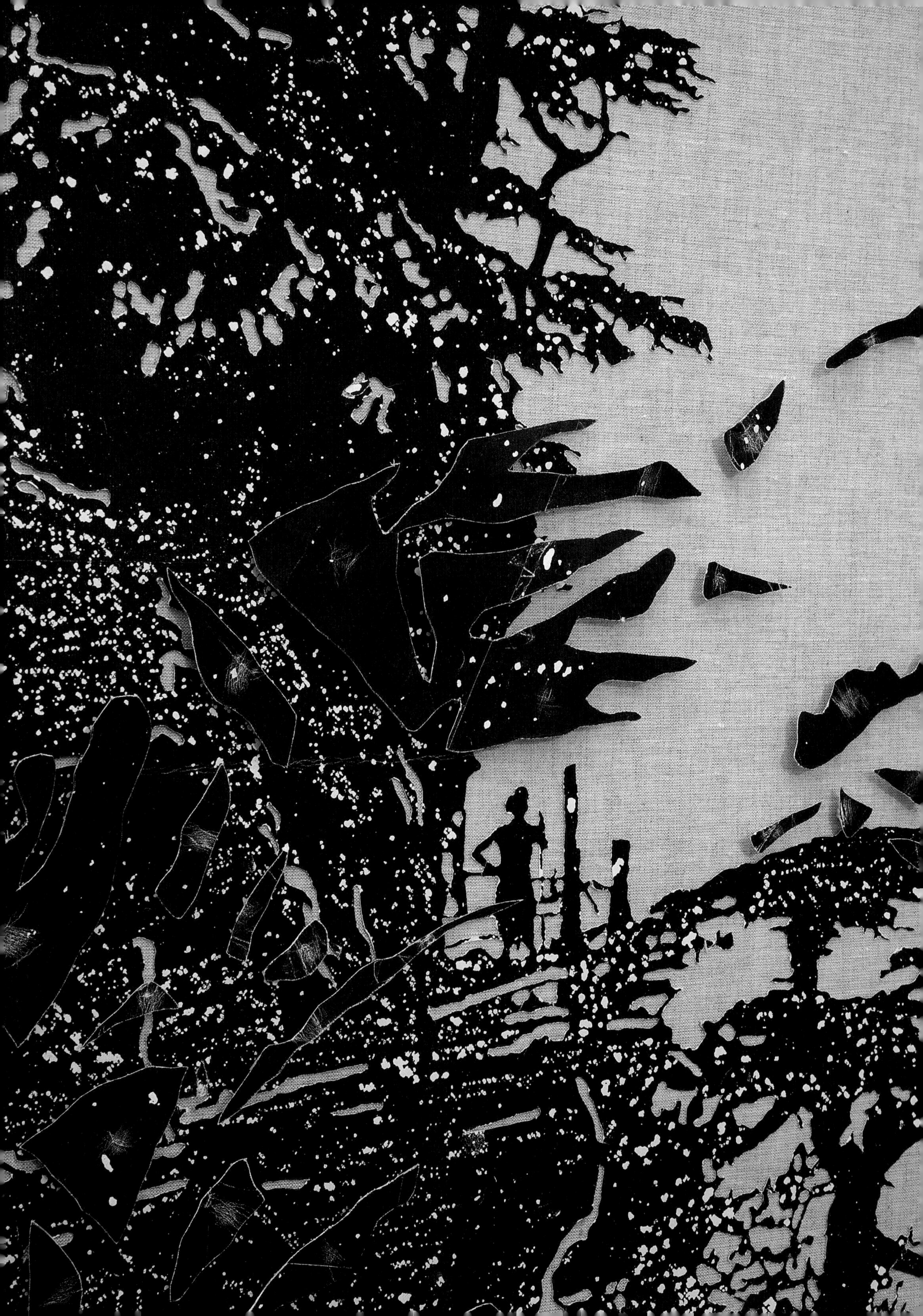

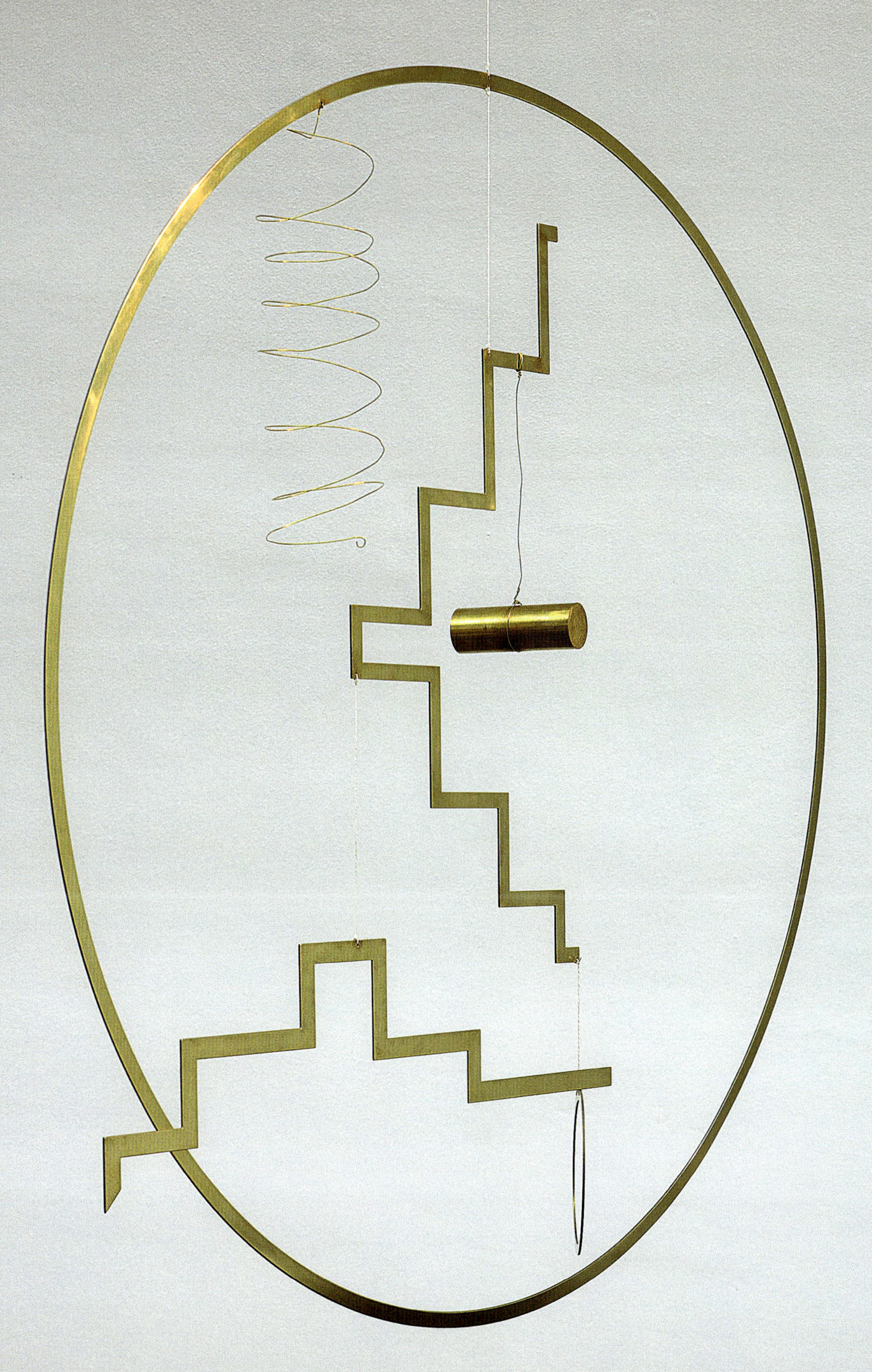

There is no touch. Touching is an abstraction of an illusion. You may be surprised by disbelief. Let me phrase this in other words. We are all made of atoms. We and everything around us, everything around the everything that is around us, everything around the everything that is everything around the everything that is around us... I can hear you confirming your knowledge on the atomic formation of the universe. I can even hear you questioning the relevance of recalling this knowledge. Please be patient and walk along with me, I guarantee you pleasure from chemistry and even from quantum physics.

What is an atom? It is composed of electrons and a nucleus that consists of protons and neutrons. There are also molecules which are compounds of atoms. All atoms induce a tangible aura in the Benjaminian sense of the notion. The electrons located on the outer part of the nucleus reside in a boundless density characterised by thin, wispy strands akin to a cirrus cloud. When several atoms bond they share this cloud. When they separate, they take some of this cloud with them.

The sense of touch is based on the detection of pressure by the neuron cells. They inform the brain about the intensity of stressed skin via a chain reaction. The scales of measurement introduce a cognitive differentiation of the notion of touch. On an atomic scale, electromagnetic fields overlap in relation to the frequency of influence from the atoms. Unless an atomic explosion is planned, the nuclei of two atoms never touch one another meaning they never reside at the same point in space. Additionally, atoms do not have precise boundaries, their respective nuclear force and electromagnetic fields cross through other boundaries under the influence of gravitational force. Their auras even overlap to the extent that the outermost electrons of each atom can be shared between the atoms. This can be a form of touching in the sense that they share electron probability density. On the other hand, the conflagration of an atomic aura expands beyond the outer limits. Meanwhile, on a macroscopic scale the collision of the boundaries of two entities is regarded as touching. The two entities influence each other either slightly or significantly, they cannot reside in exactly the same spot. There is only contact between their respective boundaries. Despite this reductionist way of thinking, this method of induction brings us to a condition in which everything is already in relation to one another. This follows from the overlapping boundaries of atoms to the intersecting electromagnetic fields of things. In principle, two atoms influence each other, no matter where they are in the universe because they expand in all directions. In practice, if two atoms are far apart, their influence on one another becomes so small that it is drowned out by the influence of closer objects. Although the spaces of reference change, the fact remains: there is no touch.

Space and time has been regarded as the duality of the universe we reside in. In other words, space and time comply with the coordinates of the projection of a multi-dimensional universe in three dimensions. For instance, a bird that walks up and down on an electric wire occupies a two-dimensional spectrum of prospective movement. Within the realm of this projection, space and time seem to touch one another. Though as seen above, the case may be different. Let us explore a different articulation according to which neither time nor space, but gravity and entropy are at play. If there is no touch, vibrations and influences can be a key to the articulation of the relational presence of things around us. If "Klang" is the inner vibration, its visual expression would for instance manifest itself when stones and water influence each other mutually. If what we refer to as time is a measurement of change, there can be possibilities of walking beside time without a halt in the flow of things and the concurrent change introduced within. One can walk beside time in the form of an image, if it manifests itself as a frozen contemplation. An image is a moment in the same way that an image is a place. Walking beside space is an impossibility that is only possible when chronological time enters the picture. Chronological time, in other words, the calibrated measuring of change, is a reminder that space and time are regarded as life-long twins. They may not be – in spite of the impossibility that they can never touch one another. There are only influences, either strong or weak, which surface when you are in the moment of now where there is no interference from the ideas of the past and the future, in other words, no parameters.

On the atomic scale as well as on the macro scale, the parameters lead to the same result. Akin to the magnetic fields generated by the nuclei of atoms, space and time as concepts relating to the world around us generate volume. Like the façade of a building, they denote skin with flesh. The singularity assigned to these concepts produces a possibility in cultivating an understanding, a reception of their representation. Here, the pronoun 'their' corresponds to space, time, nucleus, and electron. Here, on the other hand, the pronoun 'their' stands for the grouping of these concepts as a singular-multiple. Alas, all scales of information are based on multiple-singularities observed under a magnifying glass thus cutting off the boundaries and concentrating on the centre of things. The picture may be different. In accordance with our understanding of it, time is a sequential formation of moments. A place is an accumulation of densities. A moment in the course of time is what a place is for space. A moment in time is a place without space. A place in space is a moment without time. And the probability of taking a walk alongside time and space is where an atom meets another atom under the blue sky.

Fatos Üstek

Introduction
Claudia Emmert

The historical ambience in the Baroque Palais Stutterheim and the unconventional arrangement of the exhibition rooms on the ground floor and in the basement provide a very immediate visualisation of the courses of time. The historical façade is contrasted by the restored modern interior. The small, naturally illuminated cabinets are followed by the windowless basement with its contrasting atmospheres that vary between "white cube" and vaulted cellar.

The different temporal levels and their spatial expression inspired Kirstine Roepstorff to present art as a topological experience, and furthermore, to add the aspect of sound as a link between space and time in her first solo exhibition in a German museum. She succeeded in creating a multiple interconnection between different temporal aspects that refer to the exhibition area. This is not only conveyed by the collages and sculptural objects themselves, but also by the sequence of the exhibits and her playful approach towards using different materials. The artist resisted a linear chronology; instead she assembles space, time, and sound in a timeless presence. Her aim was to convey the feeling of *Walking Beside Time*, the title she uses to describe this show. As a pars pro toto, the Chinese scholars' stones that compliment her works, convey a sense of universal time in the present.

Nature is the starting point for all the formal developments in her objects. In addition, the enveloping delicate curtains in different shades of green convey the impression of a "hortus conclusus", a paradisiacal garden with stones, plants, rain, sun, landscapes, and figures. The viewer encounters an artistic recreation in which nature is interpreted as a possible form beyond space and time. After all, what is time? Is it just a manmade creation or an illusion? In the magazine Bild der Wissenschaft Rüdiger Vaas wrote: "The flow of time is very familiar, but also very mysterious to us – and yet, it is probably an utter illusion. More and more physicists and philosophers are arriving at the conclusion that, objectively, time does not exist."[1]

Roepstorff's exhibition is not about transience, about the course of time, but rather about the simultaneity of past, present, and future. The deliberate presentation of the separate objects, the calculated use of light, and the overall cohesive concept result in an artistic synthesis that is reminiscent of Vladimir Nabokov's often quoted words: "Space is a swarming in the eyes, and time a singing in the ears."[2]

1. Rüdiger Vaas, "Gestern und Morgen sind eins", in: *Bild der Wissenschaft*, 1/2008, p. 49 ff., source: http://www.bild-der-wissenschaft.de/bdw/bdwlive/heftarchiv/index2.php?object_id=31300916, last accessed on 25.10.2013.

I am very grateful for this achievement. First and foremost, I should like to thank the artist who developed this show with great dedication – which was not always easy given the technical facilities in our rooms. I am thankful for the superb new works she created for our project. My team and I were lucky to be part of the developmental process leading up to this show. I should like to express my thanks to Gudrun Benz for generously providing us with many objects from her impressive collection of Chinese scholars' stones and European landscape stones.

Thanks to Julia Jung for her dedicated work during the preparations and also to Kordula Fritze-Srbic and Benji de Burca for their commitment in implementing this show and tirelessly helping to set it up. Furthermore, I thank my team Ina Neddermeyer, curatorial supervision of the collection and organisation of the exhibition, Sarah Lampe, academic trainee, and Ilse Wittmann, finances and administration, for their unfailingly excellent cooperation. I should also like to express my thanks to Jessica Ullrich for the outstanding supplementary programme and the extensive cooperation projects she organised for this exhibition and to Ian Genocchi for his sensitive implementation of this complex presentation of works.

I am also most grateful to the Bavarian State Ministry of Science, Research, and Art in Munich, especially to Angelika Kaus, whom I wish to thank personally, the Danish Arts Council in Copenhagen, and the Sparkasse Erlangen for sponsoring and supporting both the exhibition and the catalogue. They were all very helpful during a financially challenging year.

I should also like to thank Katharina Dohm, curator at the Schirn Kunsthalle Frankfurt, for her both superb and enlightening text on the aspects of sound in the artist's work. For thinking art a step further with abundant associations I would like to thank Fatos Üstek. My heartfelt thanks to Pascal Kress for creating this wonderful catalogue design. I sincerely hope that this publication will contribute to the conveyance and propagation of Kirstine Roepstorff's unique work.

2. Cited in Rüdiger Vaas, loc. cit.

On the Fragmentation of Space, Time, and Sound
Claudia Emmert

The production of an artwork that conveys something of the creation of the universe has always been one of the greatest challenges for visual artists. However, this endeavour started on a small scale, as a competition between art and nature, the trompe-l'œil. Pliny already described the contest between the artists Zeuxis, whose painted grapes looked three-dimensional and realistic enough to attract birds, and Parrhasius, who in turn managed to mislead his opponent by giving so much depth to a painted curtain that Zeuxis felt compelled to pull it away from a painting.

Vasari gave an account of the deceptively realistic representations by Giotto, whose "imitations of nature were so faithful that he was able to banish the clumsy Greek method altogether and produced the new correct style of painting by paving the way for apt representations of living people from nature, something that had not been done for over two hundred years".[1] He too was able to fool his master Cimabue with this skill. According to Vasari's description in the *Vite*, "the fly he painted onto the nose of one of his master's figures was so lifelike that, upon resuming his work after his return, Cimabue tried several times to shoo it away with his hand as if it were a real fly before realising his error."[2]

Filippo Brunelleschi's development of central perspective in 1420 marked the beginning of an increasingly spectacular escalation of the game with spatial illusion that went on for many centuries thus defining Renaissance, Baroque, and Rococo art. Since Antiquity, the topic had mainly featured in allegorical representations of the seasons or stages of life.

During the Renaissance and the ensuing Battle of the Arts, painters also started concerning themselves with the depiction of sound: in the Dutch 'picture motets' that developed around 1600, in the Baroque allegories of the five senses, in still-lifes with musical instruments, in representations of Saint Cecilia, or of Daphne fleeing from Apollo, in the dramatic examples of heroic landscape painting with roaring torrents or crashing storms, to name but a few examples.

In the Romantic period, art seemed to have reached its goal: it was believed that a parallel to divine creation had been found in the secret of artistic creativity. The perception of space and time was transcended by art. Art became a medium of the absolute with which the infiniteness of ideas could be captured in the finite form of an artwork. However, this

1. Giorgio Vasari, *Das Leben der ausgezeichnetsten Maler, Bildhauer und Baumeister von Cimabue bis zum Jahr 1567*, translated into German by Ludwig Schorn and Ernst Förster, ed. by Julian Kliemann, Worms 1988; volume I, p. 134.

2. Ibid., p. 172.

could only be achieved within limits, in a fragment. As Werner Beierwaltes wrote about Schelling's *Texte zur Philosophie der Kunst* (The Philosophy of Art):

"With regard to its absolute essence, the artwork is a fragment: a direct and inherent manifestation of 'immeasurable absoluteness', or of timeless and absolute being in all its entirety is neither conceivable through it nor in it. That is why an artistic action must be seen as a 'limitation' or an individualisation of generalness in time and history: 'Boundlessness, however, cannot manifest itself without limitations'."[3]

Sound, however, was seen to have an ambivalent significance. On the one hand, "the whirring wheel of time" in *Phantasien über die Kunst* (Fantasies on Art) by Wackenroder and Tieck[4] seems agonising; on the other hand, Tieck's Franz Sternbald euphorically sings the praise of "the full harmonious organ song that pours out of the innermost depths, out of mountains, valleys, and glorious rivers in swelling and rising chords"[5] during his wanderings.

At the beginning of the twentieth century, the alignment of space and time started to become unhinged as a result of Albert Einstein's Theory of Relativity. Time and space had now been freed of their metaphysical connections and could no longer be treated as independent of one another. In art this development found particular expression in the new pictorial language of the Futurists, Cubists, Russian Constructivists, and the Bauhaus artists. Paul Klee even went so far as to define time as space by introducing the concept of polyphony: "The element of time is to be eliminated. Yesterday and today are now concurrent. Polyphony in music accommodated this need to some extent. [...] Polyphonic painting is superior to music because the focus is not so much on temporality, but instead on spatiality. The concept of simultaneity is more apparent here."[6] Klee was primarily referring to Arnold Schönberg's compositions in which tonality was abandoned and dodecaphony developed.

In the second half of the twentieth century, Heidegger distinguished between "the space within which the sculptured structure can be met as an object present-at-hand (*Umraum*), the space which encloses the volume of the figure (*Masseraum*), [and] the space which subsists as the emptiness between volumes (*Zwischenraum*)"[7]; the works of Minimal Art, for

3. Werner Beierwaltes, "Einleitung", in: F.W.J. Schelling, Texte zur Philosophie der Kunst, ausgewählt und eingeleitet von Werner Beierwaltes, Stuttgart 1982, p. 9.

4. Wilhelm Heinrich Wackenroder / Ludwig Tieck, Phantasien über die Kunst, ed. by Wolfgang Nehring, Stuttgart 1983, p. 60.

5. Ludwig Tieck, Franz Sternbalds Wanderungen, ed. by Alfred Anger, Stuttgart 1988, p. 249.

6. Paul Klee, Tagebuch no. 108, in: Paul Klee, Tagebücher 1898-1918, critical new edition, pub. by Paul-Klee-Stiftung Kunstmuseum Bern, ed. by Wolfgang Kersten, Stuttgart / Teufen 1988, p. 440 and 442.

7. *Translator's note: Martin Heidegger, Die Kunst und der Raum, in: aus der Erfahrung des Denkens, translated as Art and Space by Charles H. Seibert, Loras College, p.5*

example, were influenced by these insights. Time was no longer perceived as a linear process, but rather as an all-encompassing whole. John Cage revolutionised music. He released it into silence, extended it to infinity, or subjected it to chance. On 5 September 2001 in Halberstadt the performance of *ORGAN²/ASLSP* began, a concert that will continue for altogether 639 years. In art, space was transformed into a space of action. Performances and happenings evolved as both spatial and temporal expansions, video art came into being, and the perception of Land Art and installations required space and, consequently, also time.

Space and Time

Kirstine Roepstorff's exhibition *Walking Beside Time* can be seen as a continuation of this roughly outlined art historical tradition. The artist is consistent in her visual interpretation of space, time, and sound, meaning that the perception of these phenomena is reserved for the eyes only. They materialise in collages, sculptures, or spatial installations. All exhibits in the show function as fragments of reality in the sense of "objets trouvés": collages consisting of books, magazines, newspapers, pieces of material and metal, etc., objects as sculptural consolidations of different elements, and the presentation of European landscape stones and Chinese scholars' stones in the exhibition rooms. Taken as a whole, the exhibition is in itself a collage, a symbol of our perception of the world, a process that must remain forever fragmentary, in other words, an individual assemblage of separate aspects.

This all-encompassing collage-like installation is bracketed by coloured curtains that close off the exhibition area on the top floor. The artist used curtains in varying colours to define the different dimensions of time. The works in the first two exhibition rooms with the very pale curtains were inspired by memories and the past. The exhibits in the two following rooms with the darker curtains are concerned with the yet to be filled void of the future. The darkest curtains can be found in the last two rooms on the top floor. This is where the artist decided to locate the present. Her intentional subversion of the customary chronology of time shows that the present realigns itself in every moment by drawing on memories from the past and notions about the future. For Roepstorff the present is an ephemeral interstice. It is only attributed with meaning in retrospect, once it has been shaped and filled as a memory.

The sequence of very fine and light curtains is contrasted by a series
of European landscape stones, massive and compact boulders, into which
time connotatively inscribed itself over thousands of years. With their
density, their multicoloured layers, and their evocative silhouettes that
often resemble landscapes and animals, they seem like petrified symbols
of time, like allegories on the universe. They have been placed on high,
cylindrical pedestals that obstruct the visitors' course through the exhibition. The interstices between these round supports that are aligned like
columns create a counter-rhythm to the architectonic structure of the exhibition rooms. Like musical counterpoints they divide the spatial pattern
that is oriented towards the subject of time. The resulting gaps are a key
topic for the artist who predominantly works with collage technique. She
views the collage, which is destined to constantly reveal new intervening
spaces, as a suitable medium for taking possession of her surroundings.
The artist explains: "I use the method of collage to appropriate and re-
arrange the already existing world. I steal from common media to regroup
and to resituate scales and balances into constellations that would be
unmaneuverable and unthinkable in real life."[8]

In her collages Roepstorff uses pictures she finds in all sorts of media
and from different times. By making them black and white and greatly
enlarging them with the aid of a photocopying machine, she subjects these
images to a formal alignment that disguises their original context. She
then cuts out separate motifs and mounts them on top of one another in
various layers in the manner of a relief. Figurations or landscapes with
a lot of connotative potential are the result. Deprived of their original
context, these narrative elements acquire a new visibility that in turn gives
them a new meaning. In this way Roepstorff's collages connect not only
various narrative threads but also different temporal levels.

Different spaces of time are also reflected in the compositions of her collages. Works that refer to the past have a dense, pictorial structure made
up of unequivocal motifs. Scenic and figural elements merge in a pictorial
texture charged with narratives. The works pertaining to the future, on the
other hand, are defined by emptiness. Free spaces dominate that have yet
to be filled. The disparate structure of the works dedicated to the present
resembles an "all-over" in which the separate elements still have to come
together as recognisable motifs.

8. Cited in Andrea Kroksnes, "Formlosigkeit als Strategie
oder wie man die Dinge in die Welt herunterholt", in: Kirstine Roepstorff, *Dried Dew Drops, Wunderkammer of Formlessness*, ed. by Nikola Dietrich, Ostfildern 2010, p. 43.

The three female figures in *Frozen Moment of Memory* can be interpreted as allegories of time, as representations of childhood, youth, and old age. In *Timbre Sensation of Reflection* the past and the memories linked to it are embodied by an old gnarled tree and a young girl with a hat. The pictorial and narrative layers are superimposed by a further layer consisting of abstract lines. These symbols of sounds and vibrations also contain formal allusions to temporal levels. The artist interprets angular lines as modern sounds, while amorphous shapes visualise the reverberation of primal sounds, and circles express quiet or silence. The signs are reminiscent of formal depictions of musical progression such as the representations of Johann Sebastian Bach's fugues that can be found in many of Paul Klee's pictures.[9] Early twentieth century art features as a recurring art historical reference point. During this time, artists took pains to represent the things behind the visible sphere and to make auras and energy fields perceptible by means of abstract coloured shapes. The sound of objects and colours, the resulting vibrations, immateriality and inner necessity were key topics of the day. In this context, the works by the Blaue Reiter artists, especially Wassily Kandinsky, or also pictures by Arnold Schönberg, František Kupka's and Mikalojus Čiurlionis's music paintings, or later on, Henri Matisse's paper cut-outs from the work cycle *Jazz* serve as examples.

In Roepstorff's representations of the future the forms pertaining to sound are very restrained. Also their compositions contrast the densely occupied structures of the pictures dedicated to the past. In *Time Notes 1* and *Time Notes 2* positive and negative forms show the future as a void or as a realm of possibilities. However, the future also means escaping from the infinite flow of time, placing oneself beside time, so to speak, and letting it pass by or looking into the space behind it. In *Space Behind Time* panels of white fabric pervade the clock-face of Big Ben and literally spread into the "space behind time" like light beams.

The representations of the present deal with fleetingness, or the infiniteness of an experienced moment, the individual perception of time that can have very different tempi. In accordance, a treetop disappears into a concrete block while its floundering roots, from which a motionless pendulum hangs, protrude into the exhibition area. *Resting Time* is the title of this sculpture that is charged with vanitas symbols. In *Mother Of Time Showing Her Fruits*, an object consisting of frames and threads, the

9. Friedrich Teja Bach, "Johann Sebastian Bach in der klassischen Moderne", in: *Vom Klang der Bilder. Die Musik in der Kunst des 20. Jahrhunderts*, ed. by Karin von Maur, Munich 1985, 332 f.

present appears as a fleeting projection, a random figment, fragile and diaphanous.

Space and Sound

The artist's brass sculptures, explorations of the sound of time, can be found in the basement of the Kunstpalais and make up the centre of this presentation. They all evolved in 2012 and 2013 and are on display for the first time in *Walking Beside Time*. The titles are references to musical performance instructions: *Allegro – mezzo piano* or *Adagissimo – piano pianissimo*. The assembly of possible forms for the representation of the sounds of the universe is *Abbandonatamente*, in other words, free and relaxed. The infinite convoluted realm of the universe sounds *Amoroso – mezzo forte*. The brass shapes resemble silhouettes of plants or raindrops, and are reminiscent of musical instruments or musical notations. They dangle from the ceiling by thin threads or are randomly propped up against the walls.

The ephemeral brass sculptures in the basement are contrasted by Chinese scholars' stones. Since the third century A.D., they served Chinese scholars as study objects in the manner of a pars pro toto, hence the name. These objects of contemplation and meditation were believed to be the residence of gods and spirits. Stones of this kind are usually presented on precious cushions, cloths, or on intricately carved wooden pedestals. Their permeable appearance is echoed by Kirstine Roepstorff's lucid collages. The formal equivalence between the stones and the collages miraculously connects two temporal levels thus enabling the century old past to resound in the present *A nessuna cosa*, that is to say, until the sound fades to nothingness. Visitors to the exhibition are free to move about between the floating shapes, the shadows, mirror images, and reflections. Microcosm and macrocosm merge in an all-encompassing spherical sound that has found a seemingly ephemeral, temporary form in the delicate brass objects. They express the artist's interest in the intervening spaces that develop when the materialised exterior meets the internal realm of the mind and of sounds. She conjures up rooms for memories or visions that provide the formlessness of ambience, moods, or inner sounds with possible forms. It is her aim to create a balance between the individual and the universal sphere. She achieves this by means of reduction, both in a formal and in a general, fundamental sense. Kirstine Roepstorff's use of reduction can be compared to Schlegel's understanding of the fragment: giving shape to absoluteness, in fact, the formless source of creativity, and thereby reducing it to something that represents only one possible form. In order to attain this formal option, Roepstorff resolves the actual space and converts it into a spatial option. This is accomplished by her seemingly random arrangement of metal sculptures within the exhibition area – an installation that is intended to appear as though it could change its shape at any moment. In this respect her spatial compositions are reminiscent of John Cage's musical arrangements that are composed according to the random principle.

Intervening Space

In her collages and spatial installations Roepstorff fragments visible reality and leads it back to formlessness in order to reassemble it in a new form. In other words, the visible and natural world is a resource, an important source of inspiration; however, not in its outward manifestation, in its existing form, but in its possible form, as a metaphor, a sound. The focus is on the big picture, on fundamental aspects of our existence.

This ideal is rooted in the Romantic period. The fragment was perceived as a pars pro toto. It gave shape to the infinite qualities of finitude. "A work is complete when it is precisely delineated, but at the same time, boundless and inexhaustible within these limitations, when it is true to itself, and equal on all levels, and yet, able to rise above itself", as Schlegel wrote in his *Athenäums-Fragment no. 297*.[10]

And when Novalis complained that prosaic rationality "reduces the infinitely inventive music of the universe to a gigantic monotonously clattering mill"[11], he was very close to that which Kirstine Roepstorff attempts to capture in her works: the sound of the universe that resides beyond time and can only be portrayed as a fragment in an ephemeral interstice.

10. Friedrich Schlegel, *Fragmente. Athenäums-Fragment 297*, cited in: http://www.zeno.org/Literatur/M/Schlegel,+Friedrich/ Fragmentensammlungen/Fragmente, last accessed on 16.10.2013.

11. Novalis, *Die Christenheit oder Europa. Ein Fragment*, geschrieben im Jahr 1799, source: http://gutenberg.spiegel.de/ buch/6618/26, last accessed on 11.10.2013.

"The paradox of working with art, from my point of view, lies in the
process of using the resources and inspiration of the formless and in
trying to find a proper form for it in order to transmit the sensibility.
This reduction from the formless is to me one of the challenging and
exciting conditions of art making.".["][1]

Since the onset of Modernism at the beginning of the twentieth century,
the traditional terms used to categorise art have changed fundamentally.
Painting, graphic arts, and sculpture have been supplemented by collage,
assemblage, frottage, performance art, happenings, and spatial installation
that can be categorised as a material collage.[2] This pervasion of the different art genres has also led to a wider definition of both the artist and the
artwork. The art historian and curator Wulf Herzogenrath defines artists
who combine all arts in their works as "polyartists" and counts John Cage
and Joseph Beuys among them. According to him, this development
means the end of the notion of a completed artwork. Art, he explains,
must be seen as something that is already in existence, as a given waiting
to be discovered by the artist.[3] This casts the artist in the role of a media-
tor – while the already given artwork exists independently of the concept
of the work. Kirstine Roepstorff's works are frequently associated with
the collage process: the appropriation and rearrangement of already
existing material.[4] Her works are undoubtedly defined by this method as
can be seen throughout the whole exhibition. In *Dried Dew Drops:
Wunderkammer of Formlessness* (2010), the impressive exhibition hosted
by the Museum für Gegenwartskunst in Basel, she presented an extensive
examination of the contradictory attempt to describe formlessness. Ideas,
creativity, feelings, moments exist beyond our imagination – and even
when they take on shape as art, they do not leave the realm of formlessness. Roepstorff aptly explains:

"Due to its essence, the formless is impossible to describe. […]
A form does not have to be tactile. A sound or piece of music and
colours are also forms. […] Formlessness exists both inside and outside of us since its presence is completely and entirely undisturbed
by other forms"[5]

1. "Formlosigkeit durch Formen. Nikola Dietrich in conversation with Kirstine Roepstorff", in: Nikola Dietrich
(ed.), Kirstine Roepstoerff – *Dried Dew Drops. Wunderkammer of Formlessness*, exh. cat. Museum für Gegenwartskunst Basel (2010/11) / The National Museum of Art,
Architecture and Design, Oslo (2011/12), Ostfildern 2010,
p. 11.

2. Compare i.e. Antonella Fuga, "Techniken und Materialien der Kunst", in: *Bildlexikon der Kunst*, vol. 10, Berlin
2005, p. 362 ff.

3. Wulf Herzogenrath, John Cage – der Künstler, der das
Leben akzeptiert, in: Wulf Herzogenrath /Andreas Keul

(ed.): *Klänge des inneren Auges. Mark Tobey, Morris
Graves, John Cage*, exh. cat. Kunsthalle Bremen (2002) /
Museum of Glass, Tacoma (2002) / Fondation Beyeler, Ba-
sel (2002/03), Munich et al. 2002, p. 36-53, p. 36-37.

4. Compare Kirstine Roepsdorff's statement: "I use the
method of collage to appropriate and re-arrange the already existing world. The collage is a good tool to create
transpositions and to melt or to change conventional proportions." (Kirstine Roepstorff: *Who Decides Who Decides*,
Frankfurt a.M. 2004, n.pag.)

5. Nikola Dietrich in conversation with Kirstine Roepstorff, loc. cit., p. 11.

Further on, she explains what this means for her art:

> "I have come to terms with the fact that what I consider to be 'the creative' is picked up in the formless realm of the absolute. But for me to make anything out of it, which I can communicate, I have to reduce it to a form"[6]

It is therefore hardly surprising that Roepsdorff explored the realm of formlessness once again in *Walking Beside Time* (2013). She makes time apparent by moving away from the present and creating historical distance. Historical material, such as photos and illustrations from newspapers and books, is often incorporated in her collages. However, she always processes the found material before she applies it. Some motifs resurface in her works in different variations and take on different roles. In the context of this exhibition the motif of the escape artist plays a key role in the *Unbreaking Time #1–4* collages (2013). In the *Scene 7 (Balance II)* series (2005), on the other hand, it reappears in miniature form in the topmost layer. In this work, foreground and background merge with one another as in an enigmatic puzzle picture – a balance between two pictorial levels. Roepstorff placed little separators between the different layers that lend the collage a relief-like quality. However, because of their materiality, the resulting interstices are not necessarily visible. On the one hand, the developmental aspect of arranging and overlapping is shown, and on the other hand, the complexity of the material becomes apparent.

In *Ring of Silence* (2011) the viewer is confronted with two female heads in profile. Although they face each other and are connected with one another at the bottom of the picture, there is no direct interaction between them. In spite of the proximity between the two portraits, there is also an impression of great distance. The portrait of the woman in the background with the inclined head is in negative mode and seems to dissolve and blend into the background. The woman on the right in the foreground is gazing into space, her nose seems to be lightly touching her counterpart's forehead – and yet there is no contact. The two likenesses seem to symbolise two people who do not exist in the same place, and possibly, not at the same time, but are nonetheless connected in some way. Questions regarding presence and absence, and thereness and occurrences that do not come to pass are a key aspect of Roepstorff's work. Andreas

6. Nikola Dietrich in conversation with Kirstine Roepstorff, loc. cit., p. 16.

Roepstorff describes this phenomenon as follows: "In real life, there is rarely pure absence and pure presence; instead, it is a constant navigation between waiting and wanting, potentialisation and actualization."[7] The title of the work not only emphasises the impression of silence between the two women but also directs the focus onto another pictorial level. Roepstorff applied both geometric and biomorphic black and white cardboard shapes to the topmost layer: rings, spirals, stair- and snakelike lines, and organic forms. Silence is represented by the shape of a ring. On the one hand, the silence between the two women becomes all the more evident, and on the other hand, another interpretation suggests itself: communication is taking place on another level. A serpentine line starts at the one woman's upper lip, while another one snakes down from the other woman's head beyond her left temple; she seems to be lost in thought listening to the other woman's words.

Geometric and biomorphic shapes also appear on the topmost layer of the large work *Frozen Moment of Memory* and in *The Timbre Sensation of Reflection*, both 2011. When asked about them, Roepstorff explains that these elements represent "sound". Given this information, the viewer is confronted with a basic problem that normally concerns the quality of sound: we cannot hear anything. The material used is silent. In contradistinction to metal, cardboard does not resound. According to the Duden, "sound" refers to a temporary phenomenon that is perceived aurally and then fades away.[8] Furthermore, it refers to "the specific character of the tones produced by a voice or an instrument." This idiosyncrasy is also known as tone colour or timbre. Both, sound and timbre are not visible to the naked eye. Elements of "sound" appear in the topmost layers of Roepstorff's collages. First she used cardboard, but later on also resorted to metal (*Spherical Music 1–5* (2012).

Timbre Objects (2012) is the title Roepstorff chose for her brass sculptures that consist of a similar repertoire of geometric and organic shapes as the cardboard "sound" in her collages. Round, angular, dangling, even and uneven shapes are arranged in a delicate counterbalance. Light reflects off the surfaces of these fragile objects that the artist placed on wooden or cement pedestals.[9] All *Timbre Objects* are silent. This also applies to *Acciaccato – p*, *Acceso*, and *Antiphon* (2013), three works the artist assembled in a spatial installation. As previously in her collages, Roepstorff uses different materials; in this case brass, steel, string, cable,

7. Andreas Roepstorff talks about the general nature of Kirstine Roepstorff's works in "What's love got to do with it?", in: Kirstine Roepstorff, *Who Decides Who Decides*, loc. cit., p. 99.

8. Compare entry on "Klang (sound)" in the Rechtschreibduden: "1. something the ear perceives acoustically in a pure and pleasing way that lasts for a reasonably short period while fading gradually; a tone created by the harmonious symphony of usually bright and pure tones. 2. The specific character of the tones produced by a voice or an instrument or the like, source: http://www.duden.de/rechtschreibung/Klang, last accessed on 20.10.2013.

9. In reference to Roepstorff's spatial sculpture arrangements the following reading material provides interesting insights: Nina Gülicher, *Inszenierte Skulptur. Auguste Rodin, Medardo Rosso und Constantin Brancusi*, Munich 2011. Gülicher examines in how far the modernisation of the concept of sculpture has also transformed the artist's work.

plastic, wood, etc. The sculptures seem fragile and light, like precious pieces of jewellery. Separate elements of the works hang from chains in a frame construction: once again, geometric and biomorphic forms can be found alongside everyday objects such as a carabiner, a pendulum, a light bulb, and glass. In contradistinction to cardboard, brass resounds and is used in order to make brass instruments. *Acciaccato – p*, a daintily hovering construction made of bent brass rods that resembles a mobile underlines the association with music. The title is a reference to the style in which a musical score is to be played on a keyboard instrument. *Antiphon* also belongs to the world of music and alludes to the act of "responsive singing"; *Acceso*, also Italian, means "ignited" – and, indeed, the light bulb is glowing. The titles refer to a musical context. Usually these instructions show musicians how to interpret a piece of music – before it has been brought to life, before it resounds. At this moment, the sound does not exist yet. It cannot be perceived by auditory means and thereby resides in an illusory sphere: the interpreter's imagination. A note defines only one aspect of sound and does not extend to timbre, tone colour, pitch, volume etc. These works also express the difficulty of under-standing "sound":

> "What is sound anyway? Does it reflect a subjective or a subsidiary quality? Can it adequately be described with perceptive properties or moments […]? Should it not also be characterised with regard to the context from which it has to set itself apart? Or could it not also be seen from a totally different perspective, namely as an auditory indication of the occurrence that triggered its production? Is there such a thing as an 'elementary' sound, […] meaning that more complex sounds can be described as the composition of these basic units? Where do the perceptive moments of a sound or the components of an auditory occurrence fit in, and what are they anyway?"[10]

Daniel Schmicking tackles these questions in *Hören und Klang. Empirisch phänomenologische Untersuchungen* (Hearing and sound. Empirical phenomenological examinations) and begins his analysis by ascertaining that – besides the as yet underestimated complexity of sound – hearing is "a neglected stepchild of cognitive philosophy and science […]"[11]

Roepstorff has no scientific interest in the auditory perception or shape of sound. Nor are the references to classical music an indication that she,

Artistic practise does not end with the creation of a sculpture. The arrangement of the created works, the "mis-en-scène" is recognised and defined as an artistic strategy.

10. Daniel Schmicking, Hören und Klang. *Empirisch phäno-menologische Untersuchungen*, Würzburg 2003, p. 13.

11. ibid., p.14. He further concludes that: "to this day, the research paradigm and the cognitive metaphors of seeing dominate not only philosophy, but also allied disciplines […]" ibid., p. 15.

as many generations of artists before her, is trying to unify sculpture, music, and time.[12] In principle the floating sculptures or separate elements, like those in the spatial installation *Abbandonatamente* (2013), are able to vibrate and can also produce sound. Once again, the title is a reference to interpretational instructions: with abandonment, unrestrained. Both the room-filling installations and the sculptures convey the perception of space. Although we indirectly experience time during the period spent observing the artworks, this aspect is not conveyed by the objects' movements or the temporary occurrence of audible sound. Roepstorff perceives sound as one of the given phenomena that surround us in the same way as time and space do. Sound as a formless dimension – indescribable. The spatial installation *Abbandonatamente* consists of fine threads of varying lengths with different pendants. In the dark their illuminated foresides create a fascinating interchange between light, shadows, and reflections. Their sound is almost visible, like a symphony – however, we can only hear it with our eyes. Silence prevails – or rather an image of silence.

12. Apart from the aforementioned "polyartists" such Joseph Beuys, John Cage, or Nam June Paik, art history provides many other early examples. Among them are Wassily Kandinsky's *Colour Symphonies*, Paul Klee's *Zwitschermaschine* (Twittering Machine), the Futurists' noise machines, Jean Tinguely's famous *Metámatic*, Marcel Duchamp's E*ratum Musical* 1913, Yves Klein's *Symphonie Monotone-Silence* 1947–61 to name but a few. In this context Alexander Calder's works are of interest. In 1913 he created non-objective wire constructions made up of organic and abstract forms as a means of exploring space and time. Marcel Duchamp called these first moveable and soundless sculptures *Mobiles*. In addition the lesser known *Noise Mobiles* emerged in which sound represents a disturbance, a "noise" and must be seen as a reflex to contemporary music, and to the influence of the random principle in music. For further information see Karin von Maur (ed.): *Vom Klang der Bilder. Die Musik in der Kunst des 20. Jahrhunderts*, exh. cat. Staatsgalerie Stuttgart, Munich 1985.